岩波文庫

34-122-2

イギリス国制論

(上)

バジョット著
遠山隆淑訳

岩波書店

Walter Bagehot

THE ENGLISH CONSTITUTION

1867, 1872

凡例

一、本訳書は、Walter Bagehot, *The English Constitution*, the second editon (1872) の全訳である。上巻には第五章までを、下巻には本文の残りと第二版の冒頭に置かれた序文を収録した。底本には、*The Collected Works of Walter Bagehot*, Vol. V, ed. by N. St. John-Stevas, The Economist, 1974 (pp. 165–396) を使用した。本書の初版は、一八六五年から六七年まで、『フォートナイトリー・レビュー』に連載された各論文を初出に、これらの掲載と同じ順番で章構成を保ちつつ書き換えが加えられたもので、一八六七年に出版された。続いて一八七二年に、章構成も含め、大幅に改訂された第二版が出版された。これが、本書の最終版である。初版から第二版への章構成の変更については、「はしがき」を参照。

一、連載時のバジョットのねらいは、近々行われることが確実視されていた選挙法改正をめぐる論争に一石を投じることだった（下巻「解説」を参照）。本訳書では、こうした観点から本書を歴史的に読み解く一助となるよう、初版にのみ付けられた「補論　選挙法改正について」を下巻の巻末に収録した。また、バジョット自筆の初版の「告知（Advertisement)」を「はしがき」として上巻に収録した。これらについては、初版である *The English Constitution*, Chapman and Hall(1867)を底本として使用した(「告知」pp.v–vi、「補論」pp. 339–48)。

一、本書のタイトル *The English Constitution* の邦題を『イギリス国制論』とした。その理由については、下巻末尾の「解説」で述べた。

一、原文でイタリックの箇所には傍点を付した。

一、古代ギリシア語、ラテン語などにルビを付したところがある。

一、訳文中の( )は原著者によるもの、〔 〕は訳者による補足である。

一、原注は*で示し、段落末に注釈を置いた。訳注は(1)(2)……で示し、巻末にまとめた。

一、本書の理解にとって重要な原語(deference, reverence, business, manage, administrate, capitalist 等)とその訳語については、「解説」や「訳注」で適宜説明している。

一、原文には、複数の論点が入ったかなり長いパラグラフがある。読みやすさの観点から、一つのパラグラフを適宜複数に分割した。分割した場合には、その箇所を〔／〕で示した。

一、翻訳にあたって、以下の既訳を参考にした。

『イギリス憲政論』小松春雄訳、中公クラシックス、二〇一一年(『世界の名著60』中央公論社、一九七〇年)。

『英国の国家構造』深瀬基寛訳、弘文堂書房、一九四七年。
『英国憲政論』吉田世民訳、平凡社、一九三一年。

目　次

下巻目次

イギリス国制論（上）

はしがき(1)

本書に収められた各章は、一八六五年の春から今年〔一八六七年〕の一月まで、『フォートナイトリー・レビュー』のそれぞれ別の時点に掲載された諸論文を元にしている。一冊の本として世に出すにあたって、元の論文には多くの欠点があったため、改訂できればと強く望んできた。しかし、多くの仕事に追われていて、適切な期限内に改訂を終わらせるという見通しが立たない状況である。本書で論じられている見解は(どれだけ価値があるかはともかく)、少なくとも多くの時間と思考とを傾けてきたものである。そこで、今できるだけの体裁を整えた上で、思い切って出版することにした。

仮に本書第一章を書き直していたなら、現在のアメリカ大統領と連邦議会との抗争を(2)徹底的に説明することになっただろう。しかし、リンカンの死からわずか数日後に発表された当時の内容のままにしておいた。(3)当時、ジョンソン氏は戦闘的な反南部人と見られていて、議会とあれほど衝突するとは考えられていなかった。ところが今では、世論も、現在のような事態に陥った大本の原因にきちんと感づいている。そこで私は、そうした事態〔ジョンソン大統領と連邦議会の対立〕が待ち受けているとは誰も予想していなかった当時の内容のままにしておくことにした。

本書に収められている各章は、初出が公刊された当時の出来事について何度か言及しているので、初出の各論文が出た日付を示しておくのがよいだろう。(4)

〔初版（一八六七年）〕		〔第二版（一八七二年。本訳書の底本）〕
第一章	一八六五年五月一五日	〔第一章〕
第二章	一八六五年六月一五日	〔第八章〕
第三章	一八六五年八月一五日	〔第二章〕
第四章	一八六五年一〇月一五日	〔第三章〕
第五章	一八六六年二月一日	〔第四章〕
第六章	一八六六年三月一五日	〔第五章〕
第七章	一八六六年一〇月一五日	〔第六章〕

第八章　一八六六年一二月一日　〔第七章〕
第九章　一八六七年一月一日　〔第九章〕

第一章　内　閣

「重大な問題には常に論じるべきことが数多く残されているものだ」とミル氏(1)は述べている。イギリス国制ほど、この言葉が当てはまるものはない。これを扱った文献は、これまで無数に積み上げられてきた。しかし、生きた現実を直視する観察者なら、紙の上での説明と現実との違いに驚くだろう。書物には書かれていないことが現実には数多くあるのを発見する。そして、ありのままの現実を探ってみても、洗練された机上の理論は見つからない、ということに気づくだろう。

そうした的外れな理解が雑草のように生い茂ってイギリス国制を覆い隠してしまったのは、当然のなりゆきであり、おそらく避けられないことだった。言語は国民の伝統である。それぞれの世代は自分たちが見たものを言葉で表すにしても、その言葉自体は、過去から受け継がれたものが使われる。イギリス国制のような巨大な存在は、外見は一貫して変化なく後世へと伝えられてきたが、内部では変化していることが隠されてきた。そのため、どの世代も自分たちにとってしっくりこない言葉を受け継ぐことになる。昔は正しい格言だったかもしれないが、いまや正しくないものになりつつあったり、あるいはすでに正しくないものになってしまっていたりしている。家族のひとりが、幼少期のありのままの観察から生まれた言葉を、大人になり不正確な言葉になってからも使い続けることがある。それと同じように、現在でも十分に機能している歴史的な国制を説明するために、その国制の下にある人々が、親の世代には正しく祖父たちから教え込まれた言葉を繰り返し使っているのであるが、それは、孫の時代には、もう正しい説明ではなくなっている。別の言い方をすれば、絶えず変化し続けている古来の国制は、若い頃流行していたお気に入りの服を今も着ている老人に似ている。外見上はどこも変わっていないが、見えない部分はすっかり変わってしまっている。

イギリス国制に関しては、二種類の解釈が非常に大きな影響を与えてきたが、どちらも間違っている。第一の解釈によれば、イギリスの政体では、立法権と行政権と司法権が明確に区分され、それぞれ別々の人物または人的集団に委任されていて、そのどれもが他の部門の機能に干渉できないという原理に基づいている。イギリス国民は気荒な気質だったにもかかわらず、特に野蛮だった中世においてさえ、これら三権の機能の分立に生命を吹き込んで熱心に実践してきた、ということを説明するために、これまで実に多くの言葉が費やされてきた。しかし、学者たちは、そうした機能の分立について書物で論じてきたものの、書物を離れて現実に目にするとはほとんど期待していなかった。

第二の解釈が主張しているのは、イギリス国制に特有の長所とは均衡のとれた三権の結合に基づくものだ、ということである。最高の主権は、君主制的要素と貴族制的要素と民主制的要素が相互に分有していて、主権を行使するには、三権すべての合意が必要だ、というのである。この理論によれば、国王、貴族、庶民は、国制の外形をなすだけではなく、国制内部の活動の本質であり、その生命の源である。「抑制と均衡」の理論と銘打った一大理論が政治に関する書物の大部分を占めているが、その内容の多くは、イギリスの経験を集めたものか、イギリスの経験を根拠にしたものである。その理論では次のように述べられている。君主制には、欠陥や望ましくない傾向も多少はあるが、貴族制にも、また民主制にも同様にそれぞれ問題がある。しかし、イギリスでは、これらの悪しき傾向に対する抑制が確実に働き、相互に均衡を保って、相殺し合う統治機構(2)

の構築が可能であることが示されてきた。構成部門それぞれの欠陥が妨害し合うにもかかわらず、というよりも、そのおかげで、このように全体としてよいしくみになっている、というのである。

　こうした見方のために、君主制や貴族制の素材のない国々では、イギリス国制の主要な特質を採用するのは不可能だと信じられている。イギリス国制は、近代ヨーロッパ諸国の大多数が中世から受け継いできた政治的な要素を、考えられる最善の方法で活用している国制だと思われている。そうした政治的な素材からは、イギリス国制以上に優れたものを作り出すことはできないと信じられているし、さらにまた、イギリス国制の本質をなす諸部分を作り出すには、そうした素材が不可欠だとも信じられている。ところで、これらの要素は、特定の時代や地域に偶然生まれたものであり、そうした要素が存在していたのは、人類史上たった一世紀か二世紀のあいだだけで、しかもわずかな数の国々にかぎられている。合衆国について言えば、たとえ憲法制定会議[3]で君主制を規定して諸州がこれを批准したとしても、君主制の国にはなれなかっただろう。神秘的な崇敬[4]心、つまり宗教的な忠節の心は、真の君主制になくてはならないものである。それは、想像力から発する感情であって、どんな立法者でも人工的に作り出せるものではない。

統治機構に向けられる親を慕うかのような感情は、親を慕う実際の感情と同じ形で受け継がれていくものなのである。父親を選ぶことと君主制を作ることは〔どちらも不可能という点で〕似ている。君主に対する特別な感情は、父親に対する特別な愛着と同じく、人為的には作り出せるものではない。イギリス国制の中で実際に機能している部分が、中世的な要素の奇妙な集積物から成り立っているのなら、その長所の半分は歴史のおかげであり、その場合、模倣する可能性は非常に小さくなるだろう。

イギリスやその他の国々の諸制度は、何世紀もかけて成長したものであり、多種多様な住民を広く支配している。そうした制度について理解しようとするなら、それらを二つの部分に分けなければならない。この種の国制には、二つの部分がある（実際には、顕微鏡で見るような精密さで分解することはできない。巨大な物事は微細な区分けを嫌うからである）。まず、住民の崇敬心をかき立てて、これを維持する部分である。これを尊厳的部分と名づけたい。次に実効的部分である。国制は、実際には、この部分によって作動して、統治するのである。どんな国制も、二つの大きな目的を達成しなければならない。古い歴史を持ち名高い国制であるなら、それらを見事に成し遂げてきたにちがいない。国制は、まずは権威を獲得し、次にそれを活用しなければならない。はじめに人々の忠誠心や信頼を勝ち取って、次にこの敬意を用いて政府を動かさなければならないのである。

実務に偏った人々は、統治機構には尊厳的部分など不要だと切り捨てる。彼らは言う。必要なのは、結果を出すこと、実務をこなすことだけである。国制とは政治的目的のための政治的手段の寄せ集めなのだから、国制の中で実務に役立たない部分があれば、あるいは、もっと簡素なしくみで仕事をこなすことができるなら、いくら威厳があって畏怖の念を喚起したとしても、この部分はやはり現実には無用なのである、と。この味気ない哲学に対して不信の念を抱き、次のような巧みな議論を展開する人もいる。すなわち、古くからの由緒ある統治機構に存在する尊厳的部分は、その不可欠の構成要素なのであって、実質的に機能する政府の中心点だと証明しようとするのである。こう言うことで、彼らもまた、先の浅薄な学派がさらけ出したのと同じ誤りに陥っている。これらの学派はどちらも間違っている。統治機構を構成する尊厳的部分は、機構に力を与え、その活動を促すのである。実効的部分は、この力を利用するにすぎない。統治機構における見目麗しき部分も必要なのである。なぜなら、統治機構の生命力が、この部分に依拠しているからである。この部分は、もっと単純なしくみの政体ではできないような明確な仕事ができる、というわけではない。しかし、政府のあらゆる活動の前提であり、必要条件なのである。〔ただし〕それは、軍隊を奮起させはするが、戦闘を勝利に導くものではない。

一つの統治機構に属する国民全員が、実用性だけを考え、しかも全員が同じものを実用的だと考えて、同じものを同じ方法で得られると考えていたとしよう。たしかにこの場合、国制には実効的な要素だけで十分であり、きらびやかな装飾などは必要ない。しかし、私たちが暮らす世の中は、そのようにはできていない。

人類の発展が均等ではないということは、本来もっとも確かなことだが、もっとも不可解な事実でもある。はるか彼方を見やるように人類の原初の時代に目を向け、湖畔の集落やみじめな浜辺に住むみすぼらしい部族を思い浮かべてみればよい。彼らは、もっとも基本的な生活物資にも事欠き、木を切り倒すにも、石器を使い長い時間をかけてやっとの思いである。大きくて獰猛な動物が襲ってくると、ほとんどなすすべもなくやられてしまう。教養も余暇も詩もなく、思想と言えるようなものも持ち合わせていない。道徳心に欠けていて、宗教の代わりに一種の魔術じみたものを信じるだけである。これを現代のヨーロッパで営まれている暮らしぶりと比べるなら、格段の違いに圧倒される。

彼らは私たちからあまりにも遠くにいて、同じ種に属しているとはほとんど考えられないほどである。〔／〕

近い将来、おそらく一〇年かそこらで、特別な取り組みなどしなくても、全人類が同じ水準に達するだろう、とかつては考えられていた。この考えは広く主張されたというよりは深く根づいていたものであり、政治哲学において一般に論じられてはいなかったが、その底流に流れてはいた。しかし現在、私たちは人類の苦難の歴史を知っている。人類は、その始まりの地点から、実の結ばない苦労を繰り返し、幸運な状況に助けられ、成功を積み重ねて、何とか自らを文明人と呼ぶことができる段階に達した。なかなか進まない歴史の歩みや、その労苦から得られた成果を直視するなら、長期にわたる緩やかな進歩の中で、その段階に応じた一歩一歩について認識する目が研ぎ澄まされる。〔／〕

イギリスのような巨大な社会は、二〇〇〇年前の大多数の人々と文明の程度がほとんど変わらないままの群衆を数多く抱えている。他方で、さらに数は多いが、一〇〇〇年前であればもっとも優れた部類に属するような人々も存在している。下層や中層の人々は、教養ある「一万人」(5)の水準と比較すれば、今でもまだ、偏狭で知性もないし、知的探求心が欠けている。これについては、抽象的な言葉をいくら積み重ねても無駄である。

嘘と思うなら、ぜひ自宅の台所へ行ってみるとよい。教養豊かな人物にはわかりきっていて確実で身近な知的問題について、メイドや召使いたちに向けて質問してみるとよい。この人の言っていることはよくわからない、とか、この人は筋の通らないでまかせばかり言っている、と召使いたちが思っていることに気づくだろう。いつも考えている事柄の中で、いちばん月並みな話を注意深く冷静にしているのに、おかしな人間がでたらめなことを言っている、と思われていることに気づくだろう。〔／〕

巨大な社会は巨大な山のようである。その中には、人類の進歩における第一層、第二層、第三層がある。下層社会の特徴に似ているのは、現代の上層社会の生活よりもむしろ、古代の生活である。したがって、多様な社会それぞれの明白な相違を絶えず顧みることなく、またそれを常に強調しない哲学は、重要な現実を見逃しているので、理論としては根本的に誤っている。その理論は、ありもしないことを考えさせ、いずれ発見されるはずのことを予想しないので、学ぶ者を本質的な誤解に導く。

これは紛れもない事実であって、誰でも知っていることである。しかし、その政治的な重要性にまで迫った者は、これまでいなかった。国家がこのようにできているなら、下層階級が実用的な事柄だけに関心を払うというのは真実ではない。それどころか、彼らはそうした地味なものを好まない。単なる物質的な欠乏について訴えて聴衆に強い印象を残すような雄弁家など、いたためしがない。その欠乏が、誰かの専制によって生じたのだと主張できる場合は話は別である。そうではなく、数多くの弁士たちは、栄光や帝国や国民性といったいくらか漠然とした夢想に訴えることで、聴衆の心を大きく動かしてきたのである。無教養な人々、すなわち、野蛮という一定の段階にいる人々は、自分の希望や財産、さらには自分自身ですらも、いわゆる理念のために犠牲として差し出すだろう。つまり、現実世界を超えているように感じられ、日常生活を離れて、より高く、より深く、より広い関心へと導いて自らを昇華させてくれそうな魅惑的な何かのために、自分自身を犠牲にするのである。〔／〕

しかし、この層に属する人々は、ありきたりで具体的な目的には興味がない。そうした目的をありがたがることはない。少なくとも、どのようにしてそうした目的が達成されるのかを理解しようとはしない。だから、きわめて当然のこととして、統治構造のもっとも実用的な部分が、彼らの最大の崇敬心をかき立てることは決してない。彼らの崇敬心をいちばん喚起しやすいのは、演劇的要素だろう。それは感覚に訴えて、人間が作り出す観念の中でもっとも偉大なものが具現化されていると主張するものである。なかには、人類の起源をはるかに超越していることを誇るものすらある。神秘性を主張するもの、魔術的な儀式を行うもの、視覚に燦然と訴えるもの、一瞬鮮やかに現れてはたちまちにして消え去ってしまうもの、隠されつつ顕われるもの、見かけ倒しのようでいて心惹かれるもの、一見手に触れられそうでも実際には触れることを許さないもの。その姿がどのように変化しても、あるいは、それをどのように定義し記述しても、この要素こそが、今でも大多数の人々の心に直接響くものなのである。しかも、彼らの心に響くものはこれしかない。尊厳的部分は、決してもっとも実用的な部分ではない。それどころか、うわべだけで判断するなら、もっとも実用的ではない、ということになるだろう。というのも、この部分は、最下層の人々のお眼鏡にかないそうなものだからである。彼らは、何が実用的であるかについてほとんど関心を向けそうになく、おそらくいちばんまずい判断しか下せない。

〔尊厳的部分が重要である〕もう一つの重要な理由が、イギリス国制のような古い国制には存在している。もっとも知的な人々でも、自分の意志に従って行動するのと同じくらい、日頃慣れ親しんだ環境に従って行動している。人が自由意志を使って活動する領域はきわめて狭く、惰性的な習慣の助けがなければ、どんなことも達成はできない。私たちは、行うすべてのことを、毎日頭で考えて行っているわけではない。そういうことになれば、私たちは何もできない。些細な改善のためにちょっとした工夫を行うことだけで、私たちの活力は使い果たされてしまうからである。ひとりが、よく知った道から逸れて、もうひとりとは別の方向へ歩き出してしまったとしよう。そういう場合、危機が訪れて多くの人々の団結が必要になったとき、たったふたりですら、協力しようにも出会うことさえできなくなる。〔／〕

大半の人々の行動を導くのは、先祖伝来の退屈な習慣である。それは決められた額縁なのであって、新しい画風の画家たちでも、各自の描く絵は、その中に納めなければならないのである。人間本性を構成するこうした伝統的部分はすべて、伝統的という言葉が本来意味しているように、伝承されてきたものからもっとも感銘を受けやすく、これによって動かされる。他の条件が一定なら、昨日の制度が今日にとっても最上の制度である。それは最善の機能を果たし、最大の影響力を発揮する。服従をもっとも容易に確保するし、崇敬心を最大限集めることも見込める。これだけが崇敬心を受け継いできた唯一の制度であり、別の制度を導入するなら、これを新たに獲得する必要がある。人類にとって、もっとも威信のある制度は、最古の制度である。〔しかし〕世界は変転し、人々の欲求も移っていく。その結果、人間が作り出す最高のしくみであっても、外部からは依然として強力に見えながら、内部では、その力は失われやすい。だから、最古の制度が現在における最高度の有効性を持っていると期待してはならない。古めかしいものが、先祖伝来の威厳のため、影響力を持っていることについて期待はできる。しかし、古めかしいものが、現代の世界に適し、現代の精神が充満していて、現代世界の生活に最適な新たな創作物と同じように影響力を発揮すると期待してはならない。

イギリス国制に特徴的な長所について簡潔に述べておこう。イギリス国制の尊厳的部分は非常に複雑で、いくぶん威信があって、非常に古く、神聖さに満ちている。一方、その実効的部分は、大胆な行動が必要な重大局面で、非常に簡素に、また現代にかなりふさわしい形で機能している。私たちは、あらゆる種類の小さな欠点を持ち、些末な問題の処理にかけては世界でいちばん手際の悪い国制を作った。いや、むしろたまたま発見した。しかし、これには二つの主要な長所がある。まずこの国制は、簡素な実用的部分をそなえている。これは、折にふれて、また必要な際に、これまで試されてきたどんな統治機構よりも、いっそう簡素、円滑、適切に機能できる。同じく、この国制には、歴史的で複雑で威厳に満ちた演劇的部分がある。これは、はるか昔から受け継がれてきたものであり、群衆の心を捉える。はっきりと見てとることはできないが、絶大な影響力を発揮して、被治者の諸集団を導いている。その中心部は、現代的な簡素さが有する力強さによって堅固であり、その外観は、威風ある時代のゴシック的な壮麗さによって厳然としている。必要な変更を加えるなら、この簡素な中心部は、非常に様々な多くの国々に移植できるかもしれない。しかし、威厳に満ちた外装――大半の人々がそのように考えている部分――は、〔イギリスと〕似通った歴史を持っていて、同じ政治的素材を有するごく一部の国民に限定される。

イギリス国制がうまく機能している秘密は、行政権と立法権の密接な結合、ほぼ完全に近い融合として説明できるだろう。周知のように、あらゆる書物で述べられているような伝統的な理論では、イギリス国制の優れた点は、立法権と行政権の完全な分割にあるとされている。しかし、実際には、その長所は、特異とも言うべき両者の近さにある。両者を連結しているのは内閣である。(6) この新しい言葉は、立法府の一委員会でありながら行政府として選出されているものを意味している。立法府には委員会が数多くあるが、その中でもいちばん重要な委員会である。立法府は、この主要な委員会の委員として、自らがもっとも信頼する人々を選ぶ。たしかに、立法府は委員〔閣僚〕を直接選ぶわけではない〔立法府が選出するのは首相だけである〕。しかし、立法府は、委員の間接的な選出について、全能に近い権限を持っている。〔／〕

一〇〇年前には、君主はすでに政策決定者ではなかったが、大臣を実際に選任する権限は持っていた。サー・ロバート・ウォルポール(7)は、長期にわたる統治のあいだ、議会だけでなく、宮廷も操縦しなければならなかった。宮廷の陰謀によって地位を追われないようにするために、注意を払わざるを得なかったのである。当時、政策を決めていたのは国民だったが、大臣たちを決めていたのは君主だった。大臣たちは、現在のように名目上だけでなく、実質上も君主の従僕だった。この大権の名残りは、重要な名残りとして、いまだに残っている。メルバーン卿(8)がまだウィッグ党(9)の有力者のひとりにすぎなかった時期に、ウィリアム四世(10)は、自分のお気に入りの卿を党の指導者に取り立てた。パーマストン卿(11)死去の際には、〔ヴィクトリア〕女王(12)には、三名とは言わないまでも二名の中から公正に首相を選ぶ機会があったようである。しかし、一般に首相は、形式上、立法府によって選出されることになっている。そのため、実際においても、下院の指導者がほぼ例外なく立法府によって首相に選ばれている。たいていの場合、優越する議院〔庶民院〕における多数党の意見に従ってその政党の指導者が選出され、その結果、この指導者が国民を統治することになる。アメリカでは、頂点の地位にある行政官〔大統領〕を選挙で選んでいるが、これはイギリスでもまったく同じことである。国王は、国制における尊厳的部分の長であるにすぎない。実効的部分の長の地位には、首相が就いている。君主は、世に言う「名誉の源泉」であるが、政治的な実務の原動力は大蔵省なのである[13]。にもかかわらず、イギリスの筆頭行政官はアメリカの場合とは異なる。この人物は、国民が直接選出するわけではなく、国民の代表者たちによって選出されている。「間接選挙」の一例である。名目上、法律を制定するために選出される立法府は、実際上は、行政府を形成して維持することにその本務を見いだしているのである。

このようにして選出された首席の大臣〔首相〕は、同僚を選ばなければならない。ただし、その選択範囲は自党の指導層にかぎられている。議員の大半は、内閣に入ることが許される地位にはいない。入閣できる地位にいる議員は、ごく少数である。入閣させなければならない議員の名簿とそうはできない議員の名簿とに挟まれて、組閣における首相の裁量はそれほど大きくはない。そのため、誰を大臣に選ぶかという問題以上に、誰にどの省を割り振るかという問題に目が向くことになる。誰が閣僚になるべきかについて、議会と国民は、これまでかなり明確な意見を持ってきた。しかし、どの人物がどの省の大臣に就くべきかについては、議会も国民も、誰を閣僚にするべきかという問題ほど、はっきりとした意見を持ってきたわけではなかった。もちろん、首相が持っている大臣任命権は、相当な権限である。とはいえ、その行使には厳しい制限が必ず課されている。理論的な説明や外部からの観察とは違って、実際はずっと小さな権限なのである。

要するに、内閣とは、立法府が委員を選んで設けた管理委員会である。立法府は、国民を統治する委員として、自らが信頼してよく知っている人々を選出している。イギリスの大臣たちは、独特の方法で選ばれる。大臣は、政治的なあらゆる意味で女王の従僕であるという擬制、閣僚は議員の中から選ばなければならないという原則、これらは内閣の定義の本質とは関係のない偶然の産物であって、内閣の本性とかけ離れた歴史の所産にすぎない。〔2〕

内閣の特徴は、立法府の考えに合っていて、立法府が信頼する人々の中から、立法府によって選出されることにある。当然、立法府の議員が中心的に選ばれることになるが、それが必須というわけでもない。議員ではない人物が閣僚になる場合でも、有用な職責をすべてきちんと果たすことができるだろう。実際のところ、現代の歴代内閣の大半を占めてきた貴族たちは、〔選挙で選出された庶民院議員ではなく〕今日では、従属的な議院となっている貴族院の議員にすぎない。貴族院は今でも有用な役割をいくつか果たしている。しかし、統治する権限、すなわち決定の権能は、昔と同じく今も下院と呼ばれている議院に移った。威厳的な役割では劣っているが、実効的な役割では優れている議院へと移ったのである。事実、現代では、貴族院の主要な意義は、右に述べたような閣僚の貯蔵庫の役割を果たすことにある。もし庶民院の構成が改善されないなら、あるいは閣僚は立法府の議員にかぎるとする原則が緩和されないなら、貴族院がなければ、主要な大臣にふさわしい人物をどこから見つけてくるのかということが、間違いなく難しい問題になっていただろう。〔／〕

しかし、内閣の構成の詳細やその適切な選択の方法については、ここでの検討課題ではない。第一の主要な課題は、内閣を定義することである。その本質を見きわめる前に、これとは無関係の偶然の要素にとらわれてはならない[14]。内閣は連結の役割を果たす委員会である。すなわち、国家の立法府と行政府とをつなぐハイフンであり、それらを固く結び合わせるバックルである。内閣は起源においては立法府に属していて、機能においては行政府に属しているのである。

内閣のことでいちばん興味深い点は、内閣については、ほとんど何も知られていないということである。閣議は、理論の上で秘密だとされているだけでなく、実際にも秘密である。現在の慣行では、通常、公式な議事録はとられていない。私的な覚書でも、差し控えるように促され、避けられている。重大な疑問が出てきて議論が紛糾する場合でさえ、庶民院が閣議の覚書の朗読を許すことはほとんどない。基本的な政治慣行に敬意を払う大臣なら、その手の覚書を読もうなどとはしないだろう。この委員会〔内閣〕は、法制定権力を法執行権力に結合させている。これらが組み合わされて、一致協力して事を進め、国家におけるもっとも強力な機関となるのである。それでもこの委員会は、完全な秘密委員会なのである。内閣の実体を生き生きと、また正確に描写したものは、これまでなかった。それは、ときに騒がしい取締役会のようになるそうである。何人もの人間が一斉にしゃべり、誰も聞いてはいない。本当のところは誰にもわからないが。*

*穀物に一定の関税を課すことを決めた閣議が終わった後、メルバーン卿が退室の際ふりかえって、次のように言ったそうである。「さて、これで穀物の価格が下がるのか、上がるのか。それは大きな問題ではないが、口裏を合わせておかねばならんね」。実話だという保証はないが、ここまで内閣の実相に迫る話はこれまで聞いたことがない。ともかくメルバーン卿は、人々の話題に上る人物である。(15)

しかし、内閣は立法議会の一委員会にすぎないが、どの委員会にもない権力を持った委員会である。その権力は、偶然の歴史的出来事や幸運な経験がなければ、どの委員会に委ねる場合でも議会を説得できなかったほどのものである。それは、自分自身を任命した議会〔庶民院〕を解散させることができる委員会であり、一時的な拒否権を有する委員会、上訴の権限を有する委員会である。それは、ある議会によって任命されるが、望むなら次の議会に訴えることもできる。たしかに、議会解散権は、理論の上では君主にだけ委ねられている。加えて、内閣が議会を解散するように奏請した場合には必ず君主がそうしなければならないか否かについては、疑問の余地が残っている。しかし、そうした些細な、はっきりしない例外は脇に置いておこう。ともかく、庶民院によって選出された内閣は、次の庶民院に訴えることができるのである。立法府の筆頭委員会は、立法府の中の優越する議院、非常時には最高の立法府となる議院の解散権を持っている。〔／〕

したがって、イギリスの政治制度は、立法権による行政権の吸収ではない。両者の融合である。内閣は法を制定し、執行する。それができなければ、議会を解散することができる。内閣は被造物であるが、創造主を破壊する権力を持っている。内閣は立法府の任命により生まれる行政府であると同時に、立法府の息の根を止めることができる行政府でもある。内閣は、作り出されるものだが、作り手を破壊できる。起源においては派生的であるが、行為においては破壊的なのである。

立法府と行政府の機能のこうした融合こそがイギリス国制の隠された本質であり、その機能の秘密だと言ってみたところで、深く考えてこなかった人々にとっては些細でつまらないことにしか思えないだろう。この秘密の真の重要性を理解するには、イギリス国制の主要な機能のいくつかを観察して、強力な競争相手との違いを手短に比較しなければならない。この競争相手は、進歩の段階において、油断するとイギリスを追い抜きそうである。その競争相手とは、大統領制である。大統領制の特徴は、大統領は一定の手続きに基づいて、議会は別の手続きに基づいて、それぞれ国民から選出されるということにある。立法権と行政権の融合が議院内閣制の中心的原理だというのと同じ意味で、両者の独立が大統領制の特質なのである。

最初に、平時を比較してみよう。文明化した時代に入ると必ず、行政は立法の継続的な援助を要求するようになる。立法における主要かつ必須の役割の一つに課税がある。文明国の経費は、たえず変動している。政府が職責を果たそうとするのであれば、この変動は避けられない。イギリス政府は多方面にわたる予算を作成するが、そこには日々変化する雑多な項目が、必然的に含まれることになる。教育や刑務所制度、技芸、学問、その他多岐にわたる市民生活上の平時における不測の事態への対応に必要な予算は、毎年異なる。国防費、すなわち陸海軍の予算は、攻撃の危機の切迫度にしたがって、また危機防止のために必要な軍需品の価格にしたがって、さらに大きく変動する。そのため、法制定者と執行者とが同じ人々でないなら、これらのあいだで論争が生じることになる。税を課す者と税を要求する者とのあいだで、間違いなくいざこざが起きることになる。行政府は必要な立法が行われないので十分に活動できなくなり、立法府は無責任な行動に陥って腐敗する。行政府は決定事項を執行できなくて名ばかりの機関になり、立法府は自分勝手に振る舞うようになり、相手を苦しめようとする(そして自分自身は苦しまない)決議を行うようになることで堕落してしまうのである。

アメリカでは、これは問題だということが痛感されたため、立法府と行政府とを連携させるための機関らしきものが成長してきた。連邦政府の財務長官が課税を必要とする場合、連邦議会の財政委員会の委員長に諮る。長官は議会に直接赴いて要望を提案できるわけではなく、書簡を作成して送付できるだけである。しかし、長官は、彼の課税策に好意を寄せる人物を財政委員会委員長にして、この委員長を通じて、自分の課税策を推奨し委員会を説得してもらうように努める。こうして長官は、財政委員会に、議会が自分の策を採用するように説いてもらおうとする。しかし、こうした意思疎通の連鎖は、しきりに切断されがちである。単純な課税で済む幸運な状況もあるが、予算案が複雑な場合には、この予算案が通過することはほとんどない。〔ノ〕

戦争や暴動の場合の話ではない。平時であるが、財政難の場合における議院内閣制と大統領制との比較の話である。聡明なふたりの人物のあいだでさえ、予算の詳細な部分にまで完全な合意に至ることは決してないものである。現在の慣行では、インドの財務担当大臣が、イギリス本国の財政についてカルカッタで答弁し、本国のインド財務担当大臣〔インド大臣〕がインドの財政について答弁している(16)。しかし、彼らが説明する数字は決して同じではないし、政策に対する見解もほとんどの場合一致しない。こうして、怒りを露わにしたあのような激論が(17)、世間を喜ばせることになったのである。おそらく、英印間で交わされた論争の往復書簡の中には、これと同じくらい興味深いものがいくつも眠っているはずである。

しかし、これと同様の関係は、アメリカの立法府における財政委員会委員長と行政府の財務長官とのあいだにも存在しているにちがいない。* この二者は必ずと言っていいほど衝突していて、両者が満足するような結果に落ち着くことはない。また、予定の税収額に達しなかった場合、誰が責任を取るのか。財務長官は委員長を説得できず、委員長も委員会を説得できず、委員会も議会を説得できない、という可能性はきわめて高い。そうなると、税収が不足した場合、誰を処罰し、誰を免職させることができるのか。立法府を除いては他にないし、非常に雑多な人々からできているこの団体を処罰することも難しい。しかも立法府の議員たちが、自分たち自身に処罰を課すことになるのである。

＊短命に終わった南部連合国政府においてさえこの問題がはっきりと現れたことは、注目に値する。リッチモンド議会で起きた最後のとも言うべきその出来事は、ジェファーソン・デイヴィスとのあいだで激論となった財政に関する文書をめぐって生じた。(18)

文明化した時代においては、立法を促進するために継続的な支援と協力とを必要としている行政部門は、財政だけではない。行政のすべての部門が、それを必要としている。イギリスでは、重大な局面において、内閣は総辞職や解散という脅しをかけることで立法を強制することができる。しかし、大統領制の国では、そのどちらの手を打つこともできない。大統領制の国では、立法府が、行政府によって解散させられる可能性はない。

また、立法府は、イギリスのように後継内閣を探し出す必要がないから、政権の総辞職を気にし〔て政権との対決姿勢を緩め〕なくてもよい。したがって、意見の食い違いが生じた場合、立法府は行政府と争わないわけにはいかないし、行政府も立法府と争わないわけにはいかない。たいていの場合、それぞれの任期が終わるまで争うことになる。*こうなるのは、実際、ほとんど間違いない。しかし、それにもかかわらず、そうとは言い切れない場合が一つだけある。争いの種がない場合である。アメリカは他の国々〔ヨーロッパ諸国〕から遠く離れていて、また経済状況も良好だったので、あの戦乱〔南北戦争〕以前は、深刻な対立の火種がほとんどなかった。しかし、この三〇年間イギリスが経験した立法上の試練にアメリカ政府もさらされていたなら、立法権と行政権の衝突がよりいっそうはっきりした形で現れていただろう。最善の統治を行うためには、これら二つの権力の協力が不可欠であるにもかかわらず、そうなっていただろう。

*この部分は、リンカン氏が暗殺された直後に書いたものだが、手を入れずにそのままにしておく。当時はどんな人も、ジョンソン氏が南部に対して、きわめて強硬な姿勢をとるだろうと言っていた。(19)

これ以上に深刻な問題もある。議院内閣制は国民を教育するが、大統領制ではそうはならない。それどころか、国民を堕落させる可能性もある。「陛下の野党」とは、イギリス人が発明した言葉だとされている。[20] イギリスの統治機構がはじめて、政権に対する批判を政体の一部として、政権それ自体と同等に重視するようになった、ということである。批判する野党は、議院内閣制の当然の帰結である。〔／〕

大々的な討論会の場面、民衆の政治教育と政治論争とを大いに促進する装置、これこそが立法府の集会である。卓越した政治家が行う演説や、大規模な政治協力によって生まれる政党の動きは、民衆を目覚めさせ、活気づけて、教育するための手段としては、今でも最高のものである。議院内閣制では、こうした討論が確実に行われる。というのも、政治家たちは、討論を通じて将来に向けて自分自身を売り出し、現政権における自分自身の立場を確かなものにできるからである。議院内閣制のおかげで、政治家たちは演説へと駆り立てられ、演説の機会が提供されるのである。内閣にとって決定的な最後の局面は、優れた討論を行って何とか可決へと導くところにある。論じる価値のある話題、論じられるべき話題のすべてが、間違いなく論じられることになるはずである。誠実な議員は他の議員を説得しなければと考えるし、利己的な議員は他の議員に自説を押しつけようと考えることになるだろう。〔／〕

こうして国民は、自分に関係の深い問題については、二つの立場からの主張を、いや、おそらくあらゆる立場の主張を聞かないわけにはいかなくなる。それに、国民は聞くことが好きだし、しきりに知りたがってもいる。人間は本性上、聞いても無駄な長話や、動議につながらない重苦しいだけの演説、目の前の現実からかけ離れた抽象的な演説を嫌うものである。しかし、重大な結果には、どんな人も注目する。政権交代は、この重大な結果に当たる。これはあらゆる方面に影響を与えて、社会全体に波及する。多くの人々に希望を与えるかと思えば、多くの人々から希望を奪うこともある。重大で劇的な性格を持っていることから、人々に強烈に過ぎるほどの印象を与える大事件というものがあるが、政権交代は、その一つである。討論の直後に、こうした重大局面が生じたり、生じる可能性が高かったりすれば、国民は必ず討論を傾聴して、心に深く刻むことになる。

アメリカ北部諸州を訪れた旅行者たちが気づくのは、アメリカ国民が「特に政治にご執心なわけではない」ということである。大統領制の国々の中で最大でいちばん立派な国ですら、こうなのである。だから、彼らには、イギリスのような洗練され鍛え上げられた世論が存在しない。この欠点を「ヤンキー気質」、つまりアングロ・アメリカ人の性格のせいにしてしまう、そそっかしい論者が非常に多い。しかし、イギリス人でも、政治に関心を抱く動機を持っていなかったら、きっと政治に関心を抱くこともないだろう。現在では、政治に注目することがイギリス人の日常業務になっている。国民は政権の重大な危機に馳せ参じて、これを防いだり後押ししたりする。政権が続くか続かないかは、議会の討論と採決とによって決まる。しかも、院外の世論、すなわち社会に広がる隠れた意向が、この採決にきわめて大きな影響を及ぼす。イギリス国民は自分たちの判断が重要な意味を持っていると感じていて、判断することに余念がない。国民がきちんと決定できるのは、議会で行われる討論や話し合いの中で、事実や論点が明らかにされるからである。〔／〕

ところが、大統領制の場合、選挙時を除いて、国民にはまったく影響力がない。このときを除いて、彼らには投票箱がないのである。〔投票が終わると〕国民は政治的価値を失ってしまい、専制的権力を行使する一瞬を再び手にするとき〔次の選挙で投票するとき〕まで待ち続けなければならない。大統領制下の国民は、議院内閣制下の国民のように意見を形成する動機も生まれないし、そのように教育されることもない。たしかに立法府で討論が行われてはいる。しかしそれは、序幕はあっても本編のない劇のようなものである。政権を危機に陥れるようなことはないし、政権を倒すこともできない。権力という賞品を贈呈するのは立法府ではない。だから、立法府のことを気にかける人はひともいない。権力と地位の中枢である行政府は、びくともしない。どんな事件が起きても、政権を交代させることはできない。大統領制の国には、国民の政治的知性を育てて、決定を促し、意見を形成する政治的教育機関は存在しないのである。大統領制の国では、日々の要求に適したきめ細やかな意見を形成する必要がない。また、この体制が、そうした意見形成を手助けされることもない。

報道機関による議論がアメリカ国制の欠点を補うのではないか、と考える向きもあるかもしれない。とりわけ新聞購読層によって政府の行動が注意深く監視され、大統領制下の政体でも、議院内閣制と同じように、一貫性を保っていて正確で思慮深い意見が生まれるだろう、というわけである。しかし、報道機関にも、立法府と同じ困難が立ちふさがる。何もできない、、、、のである。報道機関は政権を変えられない。行政府はあのときに選出されたのだから、このときまで任期が続く、ということが決まっている。アメリカ人は文字に親しむ国民で、歴史上どの国民よりもいちばん多くの書物を読んでたくさんの新聞に目を通す国民なのに、新聞の質があれほど低いものなのか、と不思議に思うだ

持する動機がないからである。〔二〕

いわゆる政治的な「危機」という状況、すなわち、政権の命運が明らかでなくて、意見が固まらずに浮動している若干名の議員の票に左右されるような状況では、大新聞の有力な論説がその帰趨を決することになる。『タイムズ』はいくつもの内閣を作ってきた。ここ最近のように、議会の意見が割れて、政権が「強引に押し通す採決力」を持たず、知力に頼るしかないような状況が長いあいだ続く場合がある。(21) こういうときには、イギリス国民の世論を代表するいちばん有力な機関の後押しが決定的に重要になる。ワシントンの新聞がリンカン氏を追い落とすことが可能だったなら、ワシントンの各紙には優れた記事や立派な論説が現れただろう。しかし、ワシントンの各紙に任期中の大統領を罷免する力はない。これはちょうど、『タイムズ』がロンドン市長を在職中に罷免できないということと同じである。「何も成果を生まない」アメリカ議会の討論になど、誰も注目しないし、事態に少しも影響を及ぼさない長たらしい論説など読まない。アメリカ人は記事の見出しをざっと見ただけで、新聞を読み終える。論説にまで目を通さない。役に立たない論説まで読もうなどとは考えないのである。

大統領制における立法府と行政府との分離が立法権を弱体化させると述べたが、この分離がまた行政権をも弱める。矛盾しているように聞こえるかもしれないが、矛盾ではない。この分離は統治機構の総力、すなわち支配権全体を弱体化させる。そのため、両方の権力がどちらも弱まるのである。行政府の弱体化は、とてもわかりやすい道筋をたどって進む。イギリスでは、強力な内閣は、立法府の協力を得て、円滑な行政活動に必要な法律なら何でも制定できる。内閣自体が、言ってみれば立法府なのである。ところが大統領制の場合、議会に妨害されかねないし、その可能性も高い。どんな議会でも、議員なら当然、誰でも自分の存在を際立たせようとする。賞賛でも非難でも、とにかく議員たちは、目立つことで野望を満たしたがる。また、公共の福祉に関して、自分がいちばんよいと考える方法を売り込もうとする。それで、重要な問題が起こると、自分の意向を広く知ってもらおうとする。これらすべての動機が混ざり合って、彼らは行政府への反対に駆り立てられることになる。もし彼らが政府を助けるなら、ただ他人の目的を体現するだけである。他方、政府を倒した場合、彼らは自分の考えを推進できる。政府を支援すれば単なる脇役に回ることになるが、政府を打ち負かせば主役に躍り出ることができるのである。アメリカの行政府の弱体ぶりは、南部連合国の反乱以前から批評のである。

家たちの重要な論点になっていた。他方、連邦議会と議会各委員会は、当時、世論がこれらの抑制や統制を強くは望んでいなかったので、当然のように行政府を妨害していたのである。

しかし、大統領制は、行政府に立法府という敵役を配することで、行政府を弱体化させるだけではない。さらにまた、行政府それ自体の質を損なうことで、いっそう衰弱させているのである。内閣は立法府によって選出される。議院が適切な人物から構成される場合には、これがいちばん優れた選出方法となる。〔代表者だけが行う〕間接選挙の一例だが、これは、この条件を満たした場合だけ、〔全有権者によって行われる〕直接選挙よりも好ましい結果を得られる。一般的に言って、選挙活動が活発な国（国全体に政治という営みが行きわたって、民主的な政治制度をうまく運営できる国家のことである）では、候補者を選ぶための候補者を選出することなど茶番である。アメリカの大統領選挙人団は、まさにこれに当たる。この制度の目的は、大統領選挙人団が真の自由意志を行使して、各自の自立した投票に基づいて大統領を選出する、というところにあった。ところが、第一次選挙を行う一般の有権者は、大統領選挙にきわめて強い関心を持っている。彼らはリンカン氏かブレッキンリッジ氏(22)のどちらかに投票する選挙人を選ぶだけである。

選挙人の方も、投票用紙を受け取って、それを投票箱に投じるだけである。自分で選ぶこともなければ、そうしようと考えることすらしない。この第二次選挙人は使者、つまり情報の伝達者にすぎない。真の決定は、彼を選ぶ第一次選挙人のあいだで行われる。第一次選挙人たちは、第二次選挙人の投票先を知っているからその者を選んでいるのである。

たしかにイギリスの庶民院も、同じ事情の下にある。おそらく議員の大半は、特定の内閣に賛成するはずだという理由から選ばれるのであって、純粋な立法上の理由からではない。しかし、ここがアメリカと決定的に異なるのだが、庶民院は重要な役割を果たしていて、その役割は継続的なものである。つまり、アメリカの選挙人団のように統治者を選ぶと役目を終えてしまうのではなく、日々統治者を監視し、立法活動を担って、内閣を任命したり罷免したりしているのである。これこそが、真の選挙人団である。一八五七年の議会は、近年のどの議会よりも、首相個人を支援するために選出された議会、アメリカ人の表現を借りれば、「パーマストンお抱え候補」と呼べるような人々によって作られた議会だった。にもかかわらず、二年と経たないうちに、パーマストン卿は首相の座を追われた。パーマストン政権は、それを支持する勢力によって選ばれたのだが、実際には、その同じ勢力が、この政権を倒したのである。

優れた議会は、同時に見事な選挙人団でもある。国民に適した法を制定できる議会なら、議会多数派は、その国民一般の平均的な知性を代表しているはずである。[23] また、そうした議会なら、多様な議員たちがいて、〔彼らを選出した〕地域社会独自の利益や独自の見解、独自の偏見を多様に代表しているはずである。そうした議会には、国民の中にある個々の分派すべての代弁者がいる一方で、国民それ自体に似た集団として、分派に属さず同質的で分別のある非常に大きな中立的集団も存在しているはずである。こうした議員たちの一団が存在するなら、それは、行政府を選ぶという点で、考えられるかぎりでいちばん優れた選挙人団である。この一団は、政治的な活力に満ちていて、政治の営みに密着し、持ち込まれた問題に対して自分自身の問題であるかのような責任感を持っている。また、この一団は、同時代の社会の知性と同じ水準の知性を持っている。それは、国民選りすぐりの選挙人団である。ワシントン[24]やハミルトン[25]が苦心して創り出そうとしたのが、まさにこういう一団だった。

この一団の長所をいちばん的確に評価するには、これに代わる団体を考えてみればよい。競争相手となる選挙人団は、国民それ自体である。これは、理論的にも経験上も、きわめてまれな状況を除くと、選挙人団としてはお粗末なものである。リンカン氏の二度目の大統領選出馬は、北部諸州が一つの目的の下に一致団結していた時期だった。彼は、大統領選任権を実際に持った国民たちの自由意志によって再選されたのである。誰もが熱心に求めた目的を、彼は一身に体現していた。しかし、こう評価できる大統領選は、おおよそこの例だけである。大統領は、ほとんどいつも、コーカスや支持者連合といった選挙組織によって選ばれている。この組織は複雑にできているので完全に知り尽くすことはできないが、説明を必要としないほどよく知られている。つまり、大統領は国民が選ぶのではなく、黒幕が選ぶということである。平時においては、有権者が膨大な数に上る場合、有権者が選挙組織による管理の対象になるのは当たり前のことで、正当だと言えるほどである。巨大組織の一員としてでなければ、自分の票を無駄にしないための投票先を一個人が知ることはできない。ただし、組織の一員として投票するなら、組織管理者の利益のために、有権者としての役割を放棄することになる。国民は、たとえ独力で選択する場合でも、ある程度は未熟な選挙人団にならざるをえない。しかし、独力で選択するのではなく、隠れた煽動者の思いのままになってしまえば、それはさながら、小さな悪事を働こうとしている愚図な大男のようになる。その大男は気だるそうにのっそりと体を動かす。しかし、それは悪意に従っているからである。それは「此細、な企みにすぎないが、やはり悪意ある企みに変わりはない」。

加えて、国民の選択能力は議会よりも劣るのだから、選出される人々の質も劣ることになる。前世紀〔一八世紀〕のアメリカの立法者〔憲法制定者〕たちは、大統領府の長官たちに議員との兼職を認めなかったことで、これまで強く非難されてきた。しかし、彼らがめざしていた特別な目的を考慮すれば、彼らの見立ては正しかったし、その決定は賢明なものだった。彼らは、「立法部門と行政部門の完全な分離」を保っていこうとした。こうした分割が、優れた国制の本質であると信じていた。また、彼らの中でもとりわけ優秀な人物がいちばん優れた国制だと考えたイギリス国制では、そのように分離されていると信じていた。こうした分離を維持し続けるためには、各省の長官を議会から除外することが不可欠になる。そうしなければ、長官たち自身が行政府の主体になってしまい、大統領自身の存在感が薄まってしまうことになる。立法府というところは、強欲で意地汚い。議員たちは、できるかぎり与えないで、獲れるだけ獲ろうとするものである。彼らの欲望が議会を支配する。議会は、支配権の中でいちばん広範な影響力を持っている法制定権を利用して、できることなら行政をも手中に収めようとすることになる。合衆国の建国者たちが、長官職にある者を議会から排除したのは、彼ら自身の目的に照らせば、賢明なことだったのである。

しかし、この排除は大統領制には不可欠なものではあるが、以上の理由を考慮に入れても、その弊害を軽く見ることはできない。〔議員が長官職に就くことができないと〕政界の質が劣化する。もし演説以上のことができず、もっと広く政治活動を行いたいという希望を励みにできなければ、また要職に就くことを見越して身を引き締める必要がなければ、一流の人物が議員になりたがることもないし、なったとしても職務に精を出すこともないだろう。行政府の添え物にすぎない討論会（大統領制下の議会に対する表現として不適切ではない）の一員になったところで、功名心はかき立てられない。怠け心に活を入れる地位でもない。官職から排除されている議員は、排除されていない議員とはまったく比べものにならない。同列に並べるなどもってのほかである。大統領制は、その本来の性格から、政治の世界を、半分は行政に、半分は立法にわけてしまう。その結果、議院内閣制とは違って、そのどちらも、全身全霊を傾けて没頭するような価値のある仕事ではなくなっている。大統領制の下で選出される政治家は、選出母体としての国民の鑑識眼が非常にお粗末だということもあって、議院内閣制の政治家に比べてはるかに見劣りがする。

右に挙げた相違点のすべては、政治的危機の際、よりいっそう重要になる。統治そのものがよりいっそう重要になるからである。はっきりと定まった世論、尊敬に値する有能で統率の取れた立法府、選り抜きの行政府、互いに妨害し合うのではなくむしろ協力し合う議会と政府との関係——これらは、小事よりも大事が進行中の場合、すなわち、打つ手がほとんどない状況ではなく、打つべき手が多くある状況では、きわめて重大になる。しかし、これに加えて、非常時には、議会制や内閣制は、もう一つの特別な強みを持っている。緊急時に適していてかつ必要な、いわゆる権力の切り札が存在するのである。

民主的な統治の原理は、政治的な事柄における最高権力、つまり決定権が国民にあるということである。国民とは言っても、その意味は必ずしも、あるいは一般的な意味としても、国民全体とか数の上での多数者ということではない。選ばれた国民、精選された選り抜きの国民、ということである[27]。イギリスはこの通りであって、自由な国家であるなら、どこでも同じである。議院内閣制の下では、突然の緊急事態に際して、国民が状況に適した指導者を選択できる。事態が生じる前には指導者ではなかった人物が選ばれる可能性は高く、実際にそうなってもおかしくはない。重大な危機への対処に適した類いまれな政治的資質、すなわち、毅然とした意志、瞬発力、激しい気性は、平時には無用だし、かえって障害にもなる。日常の政治には、チャタム卿(28)のような人物よりも、リヴァプール卿(29)のような人物が適当である。ナポレオンのような人物よりも、ルイ・フィリップ(30)のような人物の方が断然ふさわしい。猛烈な嵐に突然襲われたときには、世の常として、操舵手の交代がしばしば必要になる。穏やかな海に適した水先案内人から嵐に適した案内人に代える必要も生じる。〔ノ〕

イギリスでは、国制の成熟を見て以降、それほど破滅的な状況を経験してこなかった。だから私たちは、その隠れた長所をほとんど認識していない。革命を指導するために、カヴール(31)のような人物を必要とすることはなかった。彼は、重大事態への対応に適した人々の中でもとりわけ優れた代表的人物として、事態の収拾に向けて合法的な方法で指導者に迎え入れられた。しかし、イギリスにおいてすら、突然の大きな危機と言える事態、すなわちクリミア問題(32)のときに、国制の潜在的な長所が利用された。私たちは、アバディーン(33)内閣を辞職させた。この内閣は、選挙法改正以降でいちばん有能な内閣であり、内閣が直面しなければならなかった一つの難局〔クリミア戦争〕を除いて、あらゆる種類の困難に接して適切に対応した。それは、きわめて巧みな対応ですらあった。すなわち、平時には深い思慮を示したのである。ところが、この内閣には「悪魔的要素」だけがなかった。それで、当時必要とされた政治的能力を持っていた政治家、すなわち、自分の背後にはイギリスの盤石な国力があるのだと知っていて、ひるむことなく前進し、躊躇なく一撃を加える意志を持った政治家〔パーマストン〕が選ばれたのである。当時の人々は口々に「クエーカー教徒(34)を追い出して、拳闘家を迎え入れたのだ」と言っていた。

しかし、大統領制の場合、こういうことはできない。アメリカ政府は、主権者である国民の政府であることを謳っているが、急な危機、すなわち主権の行使がいちばん必要な事態のときに、最高権力を持った国民を見いだすことができないのである。議会は任期が固定されていて、おそらく任期満了まで議員の退任はない。その期間は短縮も延長もできない。大統領も任期が決まっていて、期間のさなかに代えることはできない。つまり、どの機関にも所定の任期がある。柔軟な要素はまったくなく、すべてのことに厳格で明確な期日が定められている。どんなことが起きても、任期を早めたり遅らせたりすることはできない。つまり、国民が政府を予約注文したのである。そうしたからには、満足しても不満でも、きちんと機能してもしなくても、希望通りでもそうでなくても、この政府を維持していく義務があることが法律で定められている。複雑な国際関係の中にある国家の場合、戦争勃発のきわめて重大な時期に平和主義的な元首が、また和平の入り口にあるきわめて重大な時期に好戦的な元首が、その任に就くということも十分にありえる。どちらの場合も、元首が交代するまでは、採用すべき方針ではなく、転換すべき方針を実行するために、つまり、実施すべき政策ではなく、断念すべき政策を実行するために選ばれた人物が統治することになるのは、避けられない。

南北戦争の全歴史は、以上の考察をめぐる巨大な注釈である。その歴史は、統治それ自体がきわめて重要になる時期に大統領制がどのように働くのかを、鮮明に映し出している。副大統領のジョンソンが大統領になったということ、すなわち、閑職にあった人物が、この一大事に政治の世界の中でいちばん重要な指導的地位に就いた、という一つの欠陥を理由にして、大統領制それ自体を糾弾することは、それほど意味のあることではない。これは、アメリカ憲法の制定者が予測したことや、実際の動きを特徴的に表してはいるが、*大統領制における偶然の特殊な欠陥にすぎない。この政治体制に必然的な要素ではないのである。しかし、リンカン氏の一度目の選挙には、〔単なる偶然の欠陥にすぎないという〕同じ反論を述べる余地はない。この事例は、重大事態の際に大統領制が見せる必然的な動きを特徴的に示している。どんな動きだったか。要するに、未知数の人物による統治が生まれたのである。リンカン氏の実像については、ほとんど誰も知らなかったし、彼の施政方針について明確に理解している人はいなかった。〔／〕

＊憲法制定者たちは、選挙人団が、国内で二番目に賢明な人物として副大統領を選ぶことを期待した。副大統領は閑職なので、今では黒幕たちの意に沿う二流の人物が密かに据えられる。副大統領が大統領の地位に就く機会はあまりにも遠くにしかないので、考慮されることがないのである。

議院内閣制の下で指導的地位にある政治家たちの場合は、人物だけではなく、政見もよく知られている。グラッドストン氏(36)あるいはパーマストン氏がどのような人物なのかについては、社会全般に理解が行きわたっている。全面的に正しい理解だとはおそらく言えないが、それでも非常に鮮明な理解ではある。イギリス人にとっては、未知の人物の手中に明確な主権が委ねられるという事態は、簡単には理解できないことである。私たちの理解に照らせば、未知の一大事への対処を未知の小人物に任せるという考えなど、ばかげた考えでしかない。たしかに、リンカン氏は抜群の能力の持ち主ではなかったが、たまたま抜群の正義の士ではあった。彼の精神の奥底に潜んでいたピューリタンの本性が、試練の中で表に現れて、それが多くの人々を惹きつけた。しかし、宝くじに当たったということが、宝くじそのものを擁護する理由にはならない。有権者は、大統領選を前にして、リンカンの来歴から彼の人柄を知ることができただろうか。彼の人柄がどんなものかが判明したのは、選挙が終わってからのことである。

しかし、こうした問題は大統領制につきものである。大統領は、特殊な場合や世論が興奮して専制的になる場合を除いて、著名な人物が選ばれないような過程を経て選ばれる(37)。その結果、大統領選直後に危機が訪れると、国民は必然的に未知の政治力の持ち主によって統治されることになる。すなわち、イギリスの偉大な風刺家なら「政治家X」と呼んだであろう人物が、この危機に対処することになるのである。大統領による統治は、平時でさえ、これまで論じてきた様々な理由から、議院内閣制に劣る。それでもまだ、平時の困難などは、非常時の困難と比べればないも同然である。議院内閣制と比べて、突然の窮地に姿を現す大統領制のこうした欠陥は、平時にいつも出てくる欠陥に比べると、ずっと深刻である。大統領制は融通がきかず、それで独裁者を生むこともないが、議会による首のすげ替えもまったくできない。

以上の比較対照によって、議院内閣制の特質、すなわち行政権と立法権の融合がどれだけ決定的な重要性を持っているかは明らかである。以下の章では、イギリスにおいて、この特質が、どのような形をとって、またどのような制度を伴って現れているのかを明らかにしていきたい。

第二章　君　主

国王は、尊厳によって人を魅了する力を持っており、その効果は計り知れない。女王がいなければ、イギリスの現在の政府は崩壊し消滅してしまうだろう。女王がウィンザー[1]の坂道を散策なさったとか、王太子[2]がダービー競馬[3]へ足を運ばれたといった記事を読みながら、たいていの人々は、何とつまらないことが大げさに注目され騒ぎ立てられているものか、と考えてきた。しかし、彼らは間違っている。引きこもった寡婦や無職の若者[4]の行動がこれほどの重要性を持っている、ということの理由に迫ってみるのも大切である。

君主制が強力な統治形態であることのいちばん重要な理由は、それがわかりやすいという点にある。君主制は、人類の大多数に理解できる。他方、世界のどこであろうと、これ以外の統治形態はほとんど理解されない。人間は自分自身の想像力に支配される、とはよく聞く言葉である。しかし、想像力の弱さに支配される、と言った方がより真相に近いだろう。国制の本質、議会の活動、政党の役割、指導的な世論の密かな形成、これらの事実は複雑なので、理解は難しく誤解につながりやすい。しかし、一人物の意志に基づく行動、一人物の考えに基づく命令というものは、わかりやすい観念である。誰にでも理解できるし、決して忘れられない。人類の大多数に向かって、「ひとりの王によって治められることを望むか、それとも国制に統治されることを望むか」と尋ねるとしよう。これは「わかりやすい方法で治められることを望むか、そうではない方法で治められることを望むか」という問いと同じである。フランス国民に向けられたのは、この問いだった。「諸君は、ルイ・ナポレオン(5)によって統治されたいか、それとも議会によって統治されたいか」。フランス人はこう答えた。「私たちは想像できるひとりの人物によって統治されたい。想像できない多くの人々による統治は望まない」。

これら二つの統治形態の本質を理解するためのもっとも優れた方法は、比較的短期間にこれらが交互に成立した国を観察することである。

これについて、グロート氏(6)は次のように論じている。

ギリシアの伝説の至るところに見られる政治形態は、本質的な部分で、ペロポネソス戦争期のギリシア人のあいだに広く普及していた政治形態とは驚くほど異なっている。歴史時代に入ると、民主制と同じく寡頭制もまた、一定の統治体制を必要とすることで一致していた。その体制とは、専門的な役職、任期制の職務、そして、市民の資格を持った多数者——元老院的なものか人民集会的なものか、あるいはその両方の——に対する(何らかの形の)究極的な責任という三つの要素を含んだものだった。もちろん、これら二つの政治体制のあいだには、重要な相違点がいくつもあった。市民権、民会の特質や権限、統治権への参加資格などである。市民たちの中にも、自分が暮らす都市国家でこれらをめぐって定められた取り決めに、しばしば不満が生じた。しかし、ギリシア人なら誰でも理解していたように、政治的決定のルールまたは政治的な機構——近代の人間なら国制と呼ぶもの——は、政府が正当な支配権を持つためには、あるいは服従に対する道義的な義務感を抱かせるためには不可欠だった。〔／〕

政府の下で権威を行使する役人は、有能だったり無能だったり、人望があったりなかったりしただろう。しかし、役人に対する個人的な感情は、政治体制全般に対する愛着や嫌悪の感情によって消えていくのが普通だった。活力に満ちた人物が、その勇猛果敢さや狡猾な企みによって国制を破壊して、自分の意志や欲望のままに終身の支配者の地位に就くことになるなら、たとえ善政を敷いたとしても、彼に対するどんな義務感も国民に芽生えさせることは決してできなかった。その王位は、はじめから正統性を欠いていた。それで、その人物の命を奪ったとしても、他の場合なら流血を非難する道徳感情によって禁じられたが、称えられるべきものとされたのだった。ギリシアでこういう人物に話が及ぶときには、必ず一つの名詞(僭主、専制的支配者)がついて回った。その言葉によって、彼は恐怖と嫌悪の対象として汚名を残すことになったのである。

歴史時代からさかのぼって神話時代のギリシアに目を転じれば、これまで描かれてきたものと正反対の情景を目にすることになる。統治という営みに、何らかの形式あるいは体制と言うべきものがほとんど、あるいはまったくないのである。当然、被治者に対する責任という考えなど一切存在しない。とはいえ、国民の側における服従の動機は、族長に対する個人的な感情と崇敬の中に見つけることができる。真っ先に目に留まるのは王である。次に、服属する少数の小君主あるいは族長である。その次に武装した自由人、農夫、職人、海賊等々が続く。最下層には、自由民の雇われ労働者と売買された奴隷がくる。王とは言っても、族長たちとの明白な、または越えがたい境界線があるわけではなく、それぞれが王と同じくバシレウスという称号を持っている。王の至上権は祖先から継承され、子孫、一般的には長子へと受け継がれた。この至上権はゼウスの恩恵による特権として、特定の家系に与えられていた。〔／〕

戦時には、この王が、指導者として最前線で武勇をふるって、全軍の行動を指揮する。平時には、虐げられ抑圧された者たちの庇護者になる。さらには、すべての民が神々の恩恵に与（あずか）ることができるように、民のために祈りを捧げて供犠もする。王には、その高い地位の付属物として広大な領地が割り当てられ、領地の農産物や畜産物が、無作法なやりかたではあったが、山盛りにして奉献された。さらに王は、頻繁に貢物を受け取る。これは、王の敵意を逸らして歓心を買うためであり、厳しい要求を免れるためでもある。敵からの略奪品については、全体への分配品とは別に、そのかなりの部分が、おそらくいちばん魅力的な女性の捕虜も含めて、あらかじめ王のために取っておかれる。

ギリシアの英雄時代における王は、こうした地位にあった。王は(伝令官や神官は、どちらも特殊で、王よりも下位の役職なので除くとすれば)、個人的権威をまとって私たちの前に立ち現れる当時唯一の人物である。当時の社会が必要とした行政の役割のすべては、大した量ではなかったが、この人物によって実行され、あるいは指揮された。王その人の威容は、彼個人とその家系に与えられた神の加護と、そしておそらくは、神の子孫だと信じられていることとに由来する。この威容こそが、当時の構図の中心的な特色をなしている。民は、王の声に耳を澄まし、その思いを胸に抱いて、その命令に従う。王への反抗だけでなく、王の行為を批判することさえも、一般に憎しみの目で見られる。実際、そうした批判は、何人かの王族からしか聞かれない。

イギリスの君主制の特徴は、英雄時代の諸王が野蛮な時代を治めた頃の感情をとどめながら、後の時代のギリシアの諸国制が、さらに文明が進んだ時代を統治した頃の感情をも同時に持ちあわせている点にある。イギリスは、アテネ人よりも、あるいはおそらくギリシアのどのポリスの住人たちよりも多様な人々から構成されている。イギリス人の進歩の度合いは、よりいっそう不均等だった。古代の奴隷は、別個の身分になっていて、奴隷以外の人々と同じ法律や考え方によって統治されてはいなかった。国制を形成するときに、こうした奴隷たちを考慮に入れる必要はなかった。また、国制の形成を可能にするために、これらの人々を教育する必要もなかった。ギリシアの立法者は、サマセットシャー(7)の労働者のような人間とグロート氏のような人間のどちらも含むような政体を構想しなくてもよかった。原始的な野蛮を基礎にして、その上に文明を積み重ねたと一般に考えられるような社会を扱わなくてよかったのである。〔〆〕

私たちはそういうわけにはいかない。特別な恐怖を与えたり、別個の法律を制定して抑えつけなければならないような奴隷は存在しない。ところが、イギリスは、国制という観念を理解できず、具体的な個人とは関係のない法律というものにほとんど愛着を持てない階級をあれこれまるごと抱えているのである。たしかに、大半の人々は、国王の他にも何か制度らしきものがあって、国王が統治の際に守るべき規則があるということを漠然と知ってはいる。とはいえ、大多数の人々は、国王以外のどの制度よりも、まずは国王のことを思い浮かべてしまう。だから、国王の存在価値は計り知れないのである。統治形態という観点からすると、共和制は難しい観念ばかりでできていて、立憲君主制はわかりやすい観念でできている。すなわち立憲君主制は、研究熱心な少数者にしか理解できない複雑な法律や概念だけでなく、無教養な多数者にも理解できる要素を持っているのである。

王室というのもまた、興味深い観念である。これがあることで、壮麗な王権が、庶民的日常の水準に引き下ろされる。王太子の結婚の際にイギリス人に生じた熱狂以上に、子供じみた感情は考えられない(8)。彼らは、事柄それ自体として見れば実に些細なこの出来事を、政治的大事件として捉えた。この当時の感情以上に、ありのままの人間本性に共通して見られる姿、本来の人間らしさを映し出しているものはないだろう。女性は、人類の少なくとも半分を占めるが、政権の話よりも結婚話の方を何十倍も気にかけるものである。皮肉屋を別にすれば、誰もが、堅苦しい世界の味気ない情景の中に、小説に出てくるような美しい一瞬を見つけたがる。王太子の結婚は、日常の一コマにすぎない出来事の豪華版なのであって、そうしたものとして、人々の心を釘づけにする。私たちは、「王室行事日報(9)」を読んで笑い飛ばす。しかし、どれだけ多くの人々が日報を読むか考えてみるとよい！　日報の役目はその内容にあるのではなく、読者がいることにある。アメリカ人を満足させたのは、イギリス政府の行動以上に、女王がリンカン夫人に宛てた親書の内容だった、と言われている[10]。せわしなく退屈な日常の営みのまっただ中で、人間らしい感情が自ずと発露したのである。まさにこのようにして、王室は、上品で素敵な出来事を折にふれて提供することで、政治に麗しい趣をつけ加えている。こうして王室は、統治という営みに、それとは関係のない事実を持ち込む。しかし、これが人々の「胸の内」に響いて、彼らの想いをかき立てるのである。

手短に言えば、王制とは、興味をひく行動をするひとりの人物に国民の関心を集中させる統治形態である。共和制とは、つまらない活動を行う数多くの人々すべてに関心を分散させる統治形態である。人間の感情は強くて、理性は弱い。そうである以上、王制は、人々の感情に広く訴えかけることで強い力を保ち続けるだろうし、共和制は知性に訴えることしかできないので強い力は持てないだろう。

さて、第二の点を取り上げることにしよう。イギリスの君主制は宗教の力によって政府を補強している。なぜそうなのか、その説明は容易ではない。学識ある神学者なら、誰もがこう言うだろう。共和制の下に生まれた人間には共和制に従う義務がある、同様に君主制の下に生まれた人間は君主に従う義務がある、と。しかし、イギリス国民の大多数は、そのように考えているわけではない。彼らは、忠誠の誓いに同意しているのである。彼らは、「女王」への服従が自分たちの義務なのだ、と言っている。国王とは無関係の法律にただ従うという考えが、彼らにはよくわからない。昔、イギリス国制が不完全だった時代には、国制の一部分〔である君主〕が神聖性を持っていると考えることは有害だった。国制のあらゆる部分が互いに争っていて、そのどれもが十分に成長する必要があった。しかし、一部分だけが思いのままに成長すべきで、その部分の許可がなければ他の部分は成長すべきではない、という迷信[11]が口を開いた。王党派[12]はこぞって、王が何をしようと、王への服従は義務だ、という主張を展開したのである。王には「無抵抗服従」をすべきであって、その他の誰に対しても宗教的な服従の必要はなかった。王は「油を注がれし君主」であって、他に聖別された者は存在しなかった。議会、法律、報道機関は人間が作った制度であるが、君主制は神の授けた制度だ、というわけである。こうして、国制の一部分だけが不当に高められた結果、国制全体の進歩が滞ることになったのである。

名誉革命[13]後には、この有害な意見はかなり弱まった。何よりもまず、王朝の交代が決定的であった。もし誰かに神聖な権利があるとすれば、その権利はジェイムズ二世のものだということは明白だった。何をやってもイギリス人が服従する義務を負う人物がいるとすれば、彼こそがその人物だった。生まれながらの王位継承権があるとすれば、それは、代々王冠を継承してきたステュアート家のものであり、議会の投票によって王位を得た革命の王のものではなかった。そのため、ウィリアム三世の治世全体を通じて、(広く言われていたように)人間が作った王が一方に存在し、神が作った王が別に存在していた。実際に統治している王は、忠誠心を喚起する聖性を帯びてはいなかった。彼は現実の統治者だったが、聖なる理論に従えば、統治すべきは当時フランスにいた王だった。しかし、イギリス国民の型どおりの常識や鈍い想像力では、外国にいる山師に対して、強い崇拝の情を保つことはできなかった。この山師は、フランス王の庇護の下に暮らしていた。彼がやることは愚かなことばかりで、やらずにおいたことこそが、いつも賢明なことだった。〔／〕

アン女王[(14)]の治世に入るとすぐ、国民感情に変化が生じた。昔ながらの聖なる感情が、女王の一身に集まりはじめたのである。イギリス人の大半がくじけそうになる困難がいくつも存在していた。しかし、イギリス人は、一つのことに専心すると、簡単にはくじけない。アン女王には存命中の弟と父がいて、王位継承法をどう解釈しても、彼らの継承権の方が彼女に優先した。[15] ところが国民の多くは、このふたりの王位請求を退けた。ジェイムズ二世は、強いられてしかたなく逃亡しただけであり、日々、臣民であるイギリス国民に忠誠を求め続けてはいたが、国民は、ジェイムズ二世は「逃亡」することで王位を放棄したと言った。また、〔ジェイムズ二世の後を継ぐ〕王位請求者は、王の息子だと、どの裁判所でも認める証拠が揃っていたにもかかわらず、その正統性がないとも主張された。つまり、当時のイギリス国民は、神聖なる権利を授けられた君主と「手を切った」のである。そうして、必死になって新しい君主を創り出そうとしていた。しかし、事態はそれだけで解決するようなものではなかった。国民は、アン女王を新しい王朝の始祖に据えようと熱意を傾けた。そうして、女王の父や弟の王位請求を、ことさら無視した。ところが、女王の後には世継ぎがいなくなるという事実は無視できなかったのである。彼女は一三人の子を産んだが、すでに全員亡くなっていた。ステュアート家に逆戻りするか、議会による立法を通じて新しい王を設けるかのどちらかしかなかった。

王位は、ウィッグによって制定された王位継承法に従って、[16] ジェイムズ一世の娘の末娘であった「ハノーヴァー選帝侯妃ゾフィー」の子孫に継承されることになった。[17] ゾフィーよりも、ジェイムズ二世とその息子、チャールズ一世の娘の子孫、そしてゾフィーの兄や姉たちの方が継承順位は高かった。しかしウィッグは、カトリックだったという理由でこれらの人々を飛ばして、ただプロテスタントだったという理由だけでゾフィー妃を選んだ。たしかに、この選択は政治的手腕としては見事なものではあった。しかし、評判は芳しいとは言えなかった。ハノーヴァー家に対する服従義務をイギリス国民に納得させるのは、完全に無理だった。なぜならこの主張は、イギリス国民には自分たちで統治者を選ぶ権利があるという原則と、崇敬の念を呼び起こす孤高の地位から君主を格下げして、君主とはたくさんの便宜的な制度の一つにすぎないという原則とを援用しなければならなかったからである。〔ノ〕

国王は、有益な政治機関の一つであって、退位させることもでき、別の人物にすげ替えることも可能だということなら、神聖なる畏怖心や神秘な驚きをもって仰ぎ見ることなどできない。相手を崇拝の対象にしなければならないのなら[18]、当然、その人物を交代させることはできない。したがって、ジョージ一世と二世の治世全体を通して[19]、宗教的な忠誠で国王を擁護しようとする感情は、きれいに消え去った。国王大権を擁護する強力な党派もなかった。本能的に大権を擁護するトーリーでさえも[20]、目の前の国王を嫌っていた。ウィッグは、本来の信条に忠実に従って、国王の地位そのものを嫌悪した。地方のジェントルマン(21)は、本来は王の味方であり、他のどの地域よりも王への忠誠心にあふれる静かな農村地域の代表者だった。しかし、その彼らが、ジョージ三世(22)が即位するまでは、王権に対するいちばん強硬な批判者となった。しかし、ジョージ三世即位後、国民感情は、アン女王の時代と同じくらいにまで回復した。イギリス人は、この若き新国王を、ちょうど彼の祖母の二代前のはとこに当たる老女アンに対してと同様に、神聖なる王朝の系譜の始祖として進んで迎え入れようとした。〔ノ〕

こうして現在に至るのである。〔ヴィクトリア〕女王はどのような権利によって統治しているのか、と尋ねてみればよい。臣民の圧倒的多数は、議会が与えた権利であるアン女王治世第六年の法律七号を根拠に、とは決して言わない。「神の恩寵」によって統治しているのだ、と言うだろう。神秘の義務から女王に服従しているのだと信じ切っているのである。彼女と同族のハノーヴァー家が王位に就いたとき、王統の継承権は不可侵だと主張することは、一種の大逆罪であった。というのも、これはステュアート家の方がより正統な王家であると言うに等しかったからである。しかし、人間の営みの歴史は実に不思議なもので、現在では、その国民感情が、ハノーヴァー家の現女王に対する、揺るぎないうってつけの擁護論となっている。

とはいえ、ジョージ三世の即位と同時に、世襲君主に対する本能的な感情が現在と同じ効力を発揮するようになった、と考えるのは大きな間違いである。この感情は強くなってきてはいたが、まだほとんど効力を発揮しはじめてはいなかった。この感情は多くの利益をもたらしたが、それだけに害も大きかった。全体的に見ると、有益であったと論じることも、有害であったと論じることも、十分可能なほどである。ジョージ三世は、治世の大部分を通して、一種の「聖なる障害」だった。彼がとった行動はすべて、他の人間の行動とは違って神聖性を帯びた。しかしその行動は、神聖性に反して、たいてい間違っていた。彼には人並みの善意があったし、生活の糧を得るために就職した小吏のように政務に精を出した。ところが、彼は狭量で、受けた教育の幅も狭かった。そういう人物が変化に富んだ時代に王として生きることになったのである。それで彼は、進めるべきことにいつも抵抗して、放置すべきでないことをいつも先延ばしにした。彼は、歴代内閣の半数にとって、邪悪でありながらも神聖な攻撃者だった。〔／〕

まもなくフランス革命が世界を恐怖に陥れて、民主政治が「不敬」だと判明すると、イギリス人の忠誠が国王に集中することになり、その威光を何倍にも高めた。ジョージ三世の時代には、君主そのものを強化しただけだったが、今では君主制は、宗教的な裏づけまで得て政治秩序全体を強化している。現在、君主制は、膨大な多数者の服従心を難なく喚起することで、広く国制全体を強力にしている。ところが当時は、君主だけが超然とした地位にいて、神聖性を一身に帯びるにとどまった。そのため、政体のそれ以外の部分はすべて、日々その有用性をどうにかして見せることで、かろうじて自らの正当性を示していた。

君主制がこれほどまで効果的に国家全体を神聖化する主な理由は、その特質に求められるべきである。もっとも、アメリカ人や功利主義者の多くは、そこに冷笑を浴びせるのであるが。彼らは、ヤンキー(23)に倣って、この孤高の超越的要素を「無用の長物」だとあざ笑う。彼らはナポレオンの「怠惰の中で肥え太りたくなどなかった」という言葉を使う。これは、シィエス(24)が起草した憲法で大選挙侯にされそうになった際、それを拒否するためにナポレオンが語った言葉である。ティエール氏(25)が述べているように、この大選挙侯という役職は、立憲君主制の模倣、しかも巧妙な模倣だった。しかし、こうした反対論は完全に間違っている。〔／〕

アベ・シィエスが提案した大選挙侯という新しい制度は、崇敬の念を喚起する要素を少しも継承するものではないし、宗教を通じた神聖性を帯びていない。そうした制度を新設して、君主制の長い歴史を持つ国家の立憲君主と同じ役割を担わせようとするのは、たしかにこの上なく愚かなことだった。この制度は、崇敬の念を四方に広めるような尊厳性を欠いている。あまりにも新奇な人工物なので、崇敬の念を喚起することができないのである。さらに、ナポレオンその人が、この制度が愚策であることをいっそう際立たせた。彼は実務の大天才で、フランスきっての活動的な人物だったが、神聖さだけは欠いていた。よりによってその彼に、うわべだけの神聖性を帯びたこの無用な閑職を差しだそうとしたというわけである。〔／〕

しかし、シィエスのこうした失策によって、真の君主制の長所が鮮やかに照らし出されることになった。君主が神聖なる者として祝福されている場合には、これに触れさせないことが最善の策である。君主は不可謬(ふかびゅう)であることをはっきりさせなければならない。超然とした孤高の地位に置くべきなのである。イギリス王権の場合は、その機能が大部分隠されているからこそ、この条件を満たせている。命令しているように見えるが、そのために力んでいるようには決して見えない。普段は神秘に包まれているが、ときどき壮麗な歴史的仮装行列をなして姿を現す。しかし、どちらの場合にも、論争の的にはならない。国民は党派を作って分かれるが、国王は不偏不党である。政務からはっきりと距離を置くことによって、悪意からも冒瀆からも免れることができる。そうして神秘性が保たれ、相争う諸党派の感情を一つにまとめることができるとともに、教養に乏しいことから今でも象徴を必要とする人々には、目に見える統合の象徴となることができる。

第三の点に移ることにしよう。国王は社交界の指導者になっている。女王が存在しなければ、首相が国家の第一人者ということになるだろう。首相夫妻は、海外の使臣や、ときには王族の接待に当たり、イギリスでの極上のパーティーを催さなければならない。こうして夫妻は、壮麗な社交界の花形となることだろう。海外の諸国民の目にはイギリスの代表として映り、イギリス人の目には政府の代表として映ることになる。

こうした変化が起きても大きな問題にならないような世界を想像することは、とても簡単である。生活の中で外見の見栄えを気にせず、演劇的なものとは対照的な資質を持っていて、物事の実質面だけを重視するような国柄の場合、この問題は取るに足らないものだろう。ダービー卿(26)夫妻が外国の使節をもてなしたのか、それともパーマストン卿夫妻なのか、ということは大した問題にはならない。極上のパーティーだったかどうかは、出席者のあいだでだけ問題になることである。国民全員が、感動とおよそ無縁の哲学者ならば、日常生活面で体裁を取り繕うことなど、まったく気にしないだろう。見世物に興味がない人には、誰が興行師でも問題はない。

ところが、世界の中で、イギリス人以上に純粋な哲学者らしくない国民は、おそらく存在しない。人々の前に姿を現す社交界の第一人者が、四、五年ごとに交代するとなれば、イギリス国民にとっては一大事である。現在のイギリス人は、最高級の野心を抱いていることではなく、卑しい野心や嫉妬心をたっぷり持っていることで世界の注目を集めている。庶民院は、俗に言う「社交目的」を単に果たすために集まった人々であふれかえっている。つまり、議員やその一族でなければ出席できないパーティーに出る、という目的のために集まっているのである。庶民院議員たちは、思想家がただのくだらない虚栄と呼ぶもののために、無数の人々の羨望の的になっている。仮に社交界の中でいちばん人目を引く地位が、一般の競争にさらされるようになるなら、こうした卑しい野心や嫉妬心が、ひどく高まることになるだろう。政治の世界は、まばゆいばかりの報奨を人々に与えるだろう。ずる賢い連中がそれを求めて争い、愚かで卑しい連中はそれを妬むことになる。〔／〕

現在でもなお、政界と呼ばれる世界が、危険なほど特別扱いされている。新聞は、毎日欠かさず特定の著名人のことを書き連ね、その人物評を論じ、細部まで説明して、彼らの動機を推し量り、今後どうなるか予想する。こうして新聞は、他の各界には与えていない最高の地位と威厳とを政界に与えるのである。文壇や科学界、哲学界は、威厳という点で政界の相手にもならないだけでなく、一つの世界として比べることができるところにまでなっていない。だから新聞は言及しないし、言及することもできなかった。〔／〕

新聞がこうなら、読者も当然影響を受ける。新聞紙上に繰り返し出てくる人々は、出てこない人々よりも賢くて有能であるとか、ともかく、何かが優れている、と読者が信じるようになるのは、当然のなりゆきである。次のような言葉を聞いたことはないだろうか。「私は二〇年のあいだに何冊もの書物を書いてきたが、無名だった。ところが議会入りすると、議席につく間もなく、有名になった」。イギリスの世間一般の人々は、自国の政治家のことで頭がいっぱいである。政治家たちは舞台の上の役者である。しかも、拍手を受ける役者の方が自分たち観客よりも偉いと信じているからこそ、観客は拍手喝采するのである。現代のイギリスで、すでに危険なほど大きな力がある政界に、さらに少しでも力を加えるなら、非常に危うい事態を生むことになるだろう。すなわち、社会的地位の最高位をめぐる争奪戦が庶民院の中で行われることになり、それを追い求める山師が無数に現れて、際限のない熾烈な争いが展開されることになるだろう。

いくつかの原因が非常に独特な形で結びつくことで、こうしたイギリス社会のもっともイギリスらしい特質が生まれた。中世を経て、ヨーロッパではどの国でも宮廷を中心とする社会のしくみが遺された。政府は、社会全体、すなわちあらゆる人的交流や生活の中心になった。すべてが君主に忠誠を誓い、すべてが君主を中心に居並んだ。君主の近くに列する者ほど地位が高く、遠くなるほど低くなった。政府の中心が社会の中心であるという観念は、非常に根が深い。そのため、それが歴史的な偶然の産物であることは調べてみれば必ずはっきりするのだが、それがわかっているのはごく一部の哲学者だけである。

最初に言っておけば、社交界それ自体には、本来、中心はまったく必要ない。その基本構造は、手を加えなければ、君主制的にはならずに貴族制的になる。ここで論じている意味の社会、すなわち社交界は、娯楽や歓談の場を求める人々の集合体である。そこで婚姻関係が形成されることもあるだろうが、それは付随的なことでしかない。共通する主な関心は、語らいと娯楽にある。そこにはひとりの至高の中心人物は必要ない。その場は、誰かひとりの人物が取り仕切らなければならないというわけではないのである。社交界は、本来の性質から「上流一万人」を創り出す。同じくらいの教養や能力、精神を持っている一定数の人々や一族がある水準に達する。この水準は高い。豪胆さとか教養とか「社交の術」によって、彼らは他の者の上に立つ。すなわち、「一流の一族」になるのである。それ以外の人々はすべて、彼らの下に回る。〔／〕

しかし、この一万人は一つの水準に収まる傾向を持っている。その全員から、あるいはその多数派から、上に立つ優れた人物として認知されるような者は出てこない。ギリシアやイタリアで発達し、現在ではアメリカや植民地の諸都市で発達している社交界とはこうしたものである。「社交界の中心人物」という観念はまったく必要ではなく、長いあいだ、この観念が明確になることもなかった。この点をソクラテスにわからせることはできなかっただろう。彼ならこう言ったはずである。「私たちの仲間のひとりが行政長官であり、私が彼に従わねばならない、ということならよくわかる。君の話は正しい。あるいは別の誰かが祭司で、神に捧げる生け贄を差し出さなければならないが、そうでない私たちにはそうする必要がない、ということもよくわかる。同意もできる。しかし、隠れた魅力を持っているある市民がいたとしよう。その魅力が理由で、彼の言葉が私の言葉以上に、または彼の家族の方が私の家族以上に価値を持つようになるという話があるとすれば、それには承服できない。いったいどういうことなのか、よく説明してもらいたいものだ」。

社交界の中心という観念が自然なものであると仮定しても、市民が形成する政府の指導者は社交界の指導者でもあるべきだ、ということにはきっとならないだろう。このように社交界とは、宗教組織と関係がないのと同じく、世俗の政治制度とも少しも関係がない。娯楽を目的として集まる男女の組織が政治的な目的を持つ組織と一致するという必然性はない。これは宗教的な目的を持つ組織と一致しないのと同じである。社交界それ自体は、教会とも国家ともまるで関係がないのである。偉大な支配者に必要な能力は、社交界の場合とは異なる。偉大な支配者の中には、クロムウェル(27)のような不可解な人間も、ナポレオンのような無愛想な人間も、サー・ロバート・ウォルポールのような野蛮な人間もいる。居間でのくだらないおしゃべりと役所での堅苦しい政務とは、職業が違えば職務内容も違ってくるのと同じく、まったくの別物である。この二つを結びつけることが、もともと無理なのである。無理に結びつけようとすれば、たいてい、社交の達人ではなくて、社交べたでよく知られた人を社交界の中心人物に迎える結果になる。

こうした事情について、いちばん正しい説明を求めるなら、イギリス王室の歴史に当たるとよい。政治体制の変化に合わせて社交界の構造が変化してきたということについては、これまで十分に論じられてこなかった。社交界では、共和制が、君主制の衣の下に少しずつ入り込んできた。チャールズ二世は、実際に社交界の中心だった。当時、ホワイトホール(28)は、どこよりも洗練された会話や最先端の流行、そして世間のいちばんの興味をそそる情事の中心地だった。国王は道徳面では社交界に貢献しなかったが、誰もが憧れる暮らしぶりの手本を示した。国王は、ロンドンの上流社会の洒落者たちを周囲に集めた。それで、ロンドンはイギリス上流社会の洒落者の中心地になった。宮廷には、ありとあらゆる魅惑的なものが集まってきたし、一切の刺激的なものが宮廷をめざしてやってきた。ホワイトホールは、唯一無二のクラブであって、才知にあふれて聡明な女性たちも出入りしていた。〔／〕

ところが、周知のように、今ではすっかり様変わりしてしまった。バッキンガム宮殿(29)には、他のどんなところよりも、クラブ的な要素がない。宮廷はロンドンの上流社会とは関係のない孤高の世界になっていて、享楽的な社交界とは、わずかなつながりしかない。ジョージ一世とジョージ二世は、英語が話せなかったので、先頭に立ってイギリスの社交界を導いていくことにまったく向いていなかった。彼らはそろいもそろって、ロンドンのどの女性よりも、性格面で難のあるドイツ人女性をひとりかふたり寵愛した。ジョージ三世には、社交面での悪癖はなかったが、社交の楽しみ方を知らなかった。彼は、家庭的で、実務家的な人物だった。最先端の流行に触れて愉快なおしゃべりに興じるよりも、毎日の仕事の後に口にする羊のすね肉とカブラの料理の方が好きだった。そのために、ロンドンの社交界は、形式的にはやはり宮廷の支配下にあったが、実質的には社交界ならではの寡頭制的な構造をとっていると見なされるようになった。この社交界もまた「上流一万人」になったのである。現実に、ロンドンの社交界は、ニューヨークの社交界と同じく、君主制的ではない。貴婦人たちは、特に宮廷社会のことを参考にするわけでもなく、社交界に気品を与えている。クラブその他の男性の特殊な世界は、テュイルリー宮殿(30)での生活と関係がないのと同様に、バッキンガム宮殿での生活とも関係がない。〔／〕

拝謁や陪従といった公的な儀式は残されている。朝見や接見室といった名称に、国王の寝殿や女王の接見の間がロンドンの社交の中心だった時代の記憶を今もとどめている。しかし、それらはもう社交的な娯楽とは関係がない。今日では一種の儀式になっていて、身分ある人ならおよそ誰でも、気が向けば参加できるのである。宮廷舞踏会は、少なくともいくらかは楽しめると思われているが、ロンドンの七月[31]に主役の座を奪われた。注意深い観察者にはすでにわかっていたことだが、コンソート公[32]が死去したことで、このことが誰の目にも明らかになった。このとき以来ずっと宮廷は仮死状態になっていて、一時期は死んでしまったも同然の状態だった。しかし、宮廷の外では、すべてがいつも通りに進んでいた。娘もいなくて金もない若干の連中は、これを口実にパーティーへの参加を減らしたし、じり貧の連中は田舎に引きこもるようになったが、全体として見れば、それとわかる変化が見られたわけではなかった。女王蜂はどこかへ飛んでいってしまったが、蜂たちは巣箱の中で生き続けたのである。

優秀で独創的な観察者たちからは、近年のイギリス王室は少し輝きに欠けるのではないか、という異論が提出された。彼らによれば、イギリス宮廷に比べて、フランス宮廷は見かけが派手で、どこにでも現れて、万人の視線を釘づけにする。フランスの中でいちばん光り輝いているのは、言うまでもなく、宮廷以外には絶対にない、ということである。その上、彼らは次のようにも言っている。「昔のイギリス宮廷は国民から多額の金を巻き上げて浪費していた。しかし今では、使い道が信用されるようになったにもかかわらず、国民から十分な金額を確保していない。宮廷を廃止せよという議論や、いやもっと立派にすべきだという議論はある。しかし、もっと質素にすべきだなどという議論は出てこない。その輝きで国民を幻惑するために一〇〇万ポンドを使う方が、七五万ポンドを使って幻惑に失敗するよりもよい」。〔ノ〕

この理屈には一理ありそうである。イギリスの宮廷には、国民が望んでいるような豪華さがまったくない。(33) しかし、それでもやはり、フランス宮廷と比べるのは的外れである。フランス皇帝は、イギリス国王とは異なる観念を体現している。彼は国家の指導者ではなく、彼こそが国家なのである。現在の帝政は、フランス国民はみな平等であり、皇帝がその平等原理を体現している、という理屈に基づいている。皇帝を偉大にすればするほど、すべての国民がよりちっぽけな存在になり、その結果、国民同士がいっそう平等になる、という理屈である。一人ひとりの国民を小さくすることで、皇帝が偉大になるのである。イギリス王権は、これと正反対の原理に基づいている。王権が政治の場に出しゃばると、その主要な効用を失ってしまう。同様に、社交界の中で目立とうとするなら、弊害を生むことになる。ロンドンはすでに、自分を派手に演出しようという連中であふれている。望まれているのは、連中をおだててもっと派手にすることではなく、落ち着かせて品を持たせることだろう。イギリスの宮廷は、特別な身分の中で争う貴族社会の中心にすぎない。宮廷が輝いているのは、他を下に押しとどめているからではなくて、むしろ、上ってくるように刺激しているからである。宮廷は、宮廷を差し置いて首位の座に就く者が出てこないように押しとどめ、宮廷が首位の座を守って、そこにとどまるかぎりにおいて、役に立つのである。だから、富を見せびらかす連中であふれているのに、その上さらに新たな富の見本を迎え入れるなら、つまり、金遣いの競争に威厳を与えるようなことをするなら、その弊害は大きいだろう。

第四の点に移ろう。私たちは、王室を道徳の指導者と見なすようになっている。ヴィクトリア女王とジョージ三世の美徳を、国民は深く心に刻んできた。私たちは、有徳な君主を戴くことは当然であり、君主が王座という地位において卓抜しているのと同様、家庭道徳においても卓抜しているはずだということを信じるようになった。しかし、少しばかりの経験に照らし合わせれば、ほとんど考えるまでもなく、王室が家庭道徳の面で立派だなどとは、とても信じられないことがわかる。ジョージ一世もジョージ二世も、またウィリアム四世も家庭面での有徳さの手本ではなかった。ジョージ四世(34)にいたっては、家庭での悪徳の手本だった。わかりきった事実であるが、他のどんな気質の持ち主よりも、過ちに陥りやすい気質、つまり興奮しやすい気質の持ち主にとっては、立憲君主という地位は、他のあらゆる地位以上に誘惑が多く、職務としてふさわしくない。全世界と栄光のすべてが、またもっとも魅力的なもの、もっとも心奪われるもののすべてが、これまでずっと王太子に差し出されてきたし、これからもそうあり続けるだろう。人生の中でもっとも誘惑に陥りやすい時期に、もっとも抵抗が難しい種類の誘惑にさらされるような地位にいる人物に最高の美徳を期待するのは、道理に合わない。〔ア〕

立憲君主という職務は、厳粛かつ厳正、そして重大な職務だが、決して刺激的ではない。血がたぎり、想像力を大いにかき立てられ、荒々しい情念を発散させるような仕事は一つもない。ジョージ三世は、実務的な仕事、つまり立憲君主の日常的職務が何よりも好きだった。こうした人物にとって、実務的な仕事は、疑いなく鎮静剤や抑制剤のような効能がある。彼は長年、精神疾患と闘って、多くの場合にはこれをうまく抑え込むことができたが、政務への精励がもたらす鎮静効果がなければ、この精神疾患がもっと頻繁に暴発していたはずである。しかし、実務に奇特な情熱を傾ける変わった王太子など、なんと稀なことか！　どの世界であれ、こうした情熱は、どれだけ珍しいものか！　王太子が仕事に励むような環境を見つけるのは、どれだけ難しいことか！　職務に対する奮起を、日々の誘惑の防波堤として期待することがどれだけ無駄なことか！　生真面目で慎重な人物の場合には、立憲君主の地位にいても家庭的な美徳を守るかもしれない。しかしその場合でも、ときには失敗することもある。意気さかんな人間が常にこれを守るよう期待するのは、イバラから葡萄を得ようとしたり、アザミからイチジクを得ようとしたりするに等しい(35)。

さて、最後の点に移ることにしよう。立憲君主の機能としてここで取り上げるのは、その最大のものである。ただし、前章でも多くの紙幅を割いて論じたので、ここで再び長く論じる必要はないだろう。立憲君主は、偽装の機能を果たしている。これによって、ぼんやりと暮らしている国民には知られることなく、真の支配者の交代が可能になっている。イギリス人の大多数は、選挙に基づく政治には適さない。自分がこの選挙政治にどれほど近いところまで来ているかをきちんと理解できるなら、仰天して震え上がるだろう。

体制移行期における立憲君主の価値は、前段で述べた場合と本質的に同じである。絶対王政から議院内閣制へと転換する際、最大の助けになるのは、新たな体制に好意的でそれに宣誓する人物が王位を継承することである。生まれたばかりの議院内閣制は、困難な時期にあっては弱体である。首相は最高指導者であり、あらゆることが彼の双肩にかかっていて、他の誰よりも大きな責任を引き受けなければならず、いずれ誰かが行使しなければならない強制力の行使を実行する立場にあるが、その権力は、いまだ不安定である。その地位は議院内閣制にとって不可欠なものであるが、不確定な部分も残っている。国民がこうした政治に慣れていれば、この役職にある人物は大胆に行動できるだろう。議会を当てにしなくても、首相の役割をよく理解し、その価値も正しく評価している国民を当てにできるからである。しかし、議院内閣制が導入されて日が浅い場合、首相がしかるべき思い切った行動に出るのは難しい。首相の権力基盤があまりにも理性に寄りかかりすぎていて、本能を頼りにする余地がほとんどないからである。〔／〕

こうしたとき、世襲君主の伝統的な力が計り知れない効果を発揮する。イギリスは、ウィリアム三世の卓越した力量がなかったなら、一六八八年直後の最初の数年間を乗り切れなかっただろう。同様に、ヴィットーリオ・エマヌエーレ(36)の助けがなければ、イタリア(37)は自由を獲得して維持することができなかっただろう。カヴールの働きも、ガリバルディの働きも、〔イタリア統一という〕事業への必要性において、彼には及ばなかった。〔／〕

しかし、立憲君主が持っている権力の切り札がどれだけ大きなものであるかという点については、その使い方をめぐるルイ・フィリップの失敗以上にためになる教訓はない。一八四八年二月、ギゾー(38)は弱腰だった。首相としての権力の地位が不安定だったためである。ルイ・フィリップが採るべき方針は、ギゾーの地位を確実なものにすることだった。議会改革は、後で教養のある人々の要望に添って行えばよかったのであって、暴徒相手に認めるべきではなかった。ギゾーの望み通り、パリの下層民は弾圧すべきだったのである。ルイ・フィリップが自由な統治の導入にふさわしい国王だったなら、大臣たちが秩序をうまく維持しているときに、彼らの権力基盤を強化していただろう。彼らを罷免するにしても、秩序が安定して、政策論争が可能になってからでも遅くはなかった。しかし、年老いてからの失敗が「結局印象に残ってしまう」小心者がいるが、ルイ・フィリップも、そのひとりだった。非常に豊かな経験と優れた力量を持っていたにもかかわらず、瞬間的に発揮できるほんの少しの度胸を欠いていたために、策を誤って王位を喪失した。同じ危機に直面したなら、凡人でもすぐに示せる程度の度胸にもかかわらず、である。

以上、君主制の威厳の側面が発揮する影響について、その主要部分を考察した。イギリスの現在の文明状態においては、それは計り知れない価値を持っている。次章では、君主の実際上の職務、すなわち今の女王が実際にしている仕事について論じることにしよう。

第三章　君　主（続き）

庶民院が行う調査の対象は、ほとんどすべての領域に及んでいる。しかし、国王調査委員会を設置したことは、これまでに一度もない。国王の実際の職務を記した信頼できる青書[(1)]は存在しない。そうした調査自体が不可能なのである。仮に可能になるなら、おそらく、君主は膨大な数にのぼる煩雑な日常業務から解放され、苦痛で無駄な多くの時間が削減されることになるだろう。

イギリス国制に関するよく知られた理論には、君主をめぐる二つの誤解が含まれている。第一に、少なくともいちばん古い誤解では、君主は「王国の三階級の一つ」、つまり、貴族院および庶民院と並ぶ独立した権威だと見なされている。たしかにかつての君主は、そうした権威や、その他多くの権利を持っていた。しかし、今はもう、君主にそのようなものはない。君主にそうした権威があるとすれば、立法上の拒否権を行使できることになるだろう。君主は、庶民院ほどではないとしても、少なくとも貴族院程度には法案を拒否できることになるはずである。しかし、女王にはそうした拒否権はない。両院が一致して国王自身の死刑執行令状を送りつけるなら、国王はそれに署名しなければならないのである。国王に立法権を帰属させるのは、昔の作り話にすぎない。国王がこうした権力を失ったのは、遠い昔のことである。〔〕

第二に、昔ながらの理論には、国王が行政権を握っていると論じる誤解がある。アメリカ憲法は、大変慎重な議論の上に制定された。たいていの場合、それらの議論の前提には、国王こそがイギリス国制の行政担当者であり、アメリカには、世襲に基づかない国王の代替物、つまり大統領がどうしても必要だという考えがあった。大西洋の彼方に暮らし、俗説によって誤った方向へと導かれてしまったために、あの鋭敏な連邦憲法制定者たちも、細心の注意を払ったにもかかわらず、首相がイギリス国制における行政府の長であり、君主は機構の歯車の一つであることに気づかなかった。たしかに、当時の歴史に照らし合わせれば、アメリカの立法者たちにも弁解の余地は十分にある。彼らのイギリス国制像は、彼らが当時目にしていたものだったのである。いわゆるノース卿[(2)]の政府は、ジョージ三世の政府だった。ノース卿は、国王の指名によって政府を率いることになっただけでなく、国王の手先として働いた。この首相が戦争に踏み切ったのは、彼の主君がこれに賛成し望んだからだった。首相自身としては、賛成できない憎悪すべき戦争だった。そのため、アメリカ憲法制定会議が、真の行政担当者は彼らを苦しめた国王であって、彼らを苦しめなかった首相ではないと信じたのも仕方のないことだった。

文献上の理論を離れて、現在も通用している古い法律に目を向けてみても、君主があまりに多くの権限を持っていることに驚くだろう。数年前、女王が一代貴族の創設を試みたことがあった。これはきわめて賢明な措置だった。ところが、貴族院は非常に愚かなことに、最大の利益をもたらす措置にもかかわらず、女王の要求を拒否した。貴族院の主張によれば、これに関する女王の権限はすでに存在していない。かつてそれは王の手にあって、貴族院もそのことを承認していたのだが、長く使われなかったので消滅してしまったということだった。(3) カミンズの(4)『法令要約』、あるいは「大権」という書名を付けている類似の書物にざっと目を通してみればよい。国王には、あるともないとも確言できないような三桁に及ぶ権限があるが、もし国王がそれを実際に執行しようとするなら、延々と続く興味深い法学論争が勃発することがわかるだろう。これらの権限のうち、現在も有効なものとすでに廃れてしまったものとについて注意深く検討した書物を、誰か優秀な法律家に書いてもらいたいものである。国王が実際に行使している権限についてだけでなく、それ以上に国王にはどこまでのことを行う権限があるのかについて、信頼できる明確な説明がないのである。

以上のことは、自由な政治体制についての皮相浅薄な理論から見れば、たしかに欠点である。民主的な統治の場合、どんな権限も外部から見てわかるものでなければならない。この種の統治構造は、政治的国民、つまり統治に参与する国民が自分で適切だとする判断にしたがって、自分たち自身で統治する、という考えに基づいている(5)。彼らは、どの行政機関のどの行為も、詳しく調べ上げなければならない。行政機関の行為が適切だと判断される場合には、監視を継続し、間違った行為だと見なす場合には、何らかの方法で異議申し立てを行わなければならない。しかし、行政の行為が、彼らに知らされないままなら、彼らは判断不能に陥る。知らないことに対しては、異議を申し立てることはできない。隠された大権は変則である。変則の中でも、おそらく最大の変則である。〔／〕

しかし、このようにして隠されていることがあるという点こそが、現在見られるようなイギリス王室の効用の本質なのである。とりわけ、イギリス王室は崇敬を集めているが、もし王室を詮索しはじめるようなことになれば、崇敬の眼差しで見ることができなくなる。委員を選抜して、国王に関する調査委員会を開くようなことをすれば、王室の魔力は消え去ってしまうだろう。神秘的であることが、その生命なのである。魔法を白日の下にさらすようなことをしてはならない。国王を政治闘争の場に引きずり込んではならない。さもないと、政治的闘士たちの崇敬心がすっかり失われ、国王も一闘士として戦うはめになる。抽象的な理論に従うなら、この秘められた力の存在は、イギリス国制における欠陥である。しかしこれは、イギリスのような文明状態にはつきものの欠陥なのである。こうした文明状態では、よく知られた実用的な権力だけでなく、威厳があって、それゆえに知られざる権力もまた必要とされているからである。

この秘められた力の働きについて、存命者でも故人でもよいので、これに実際に関わった人物たちの証言から探りだそうとするなら、彼らの証言が奇妙にも一致していないことに気づくはずである。ジョージ三世の廷臣たちもヴィクトリア女王の廷臣たちも、王室の影響力の大きさについては意見が一致する。どちらも、王権には見かけ以上に多くの権限があるという秘密の原則を認めている。ところが、王室の行為の評価となると、非常に大きな意見の隔たりが見られるのである。フォックス氏(6)は、ジョージ三世の隠然たる影響力について、仮面をかぶった「地獄の悪霊」の力の現れだと、ためらうことなく記した。当時、自由主義的な政治家たちは王権の行為を恐れ、これに怯えていた。ところが現在、もっとも優れた自由党の政治家たちも次のように言っている。「私たちの世代のうちに明らかにされることはないだろうが、子どもたちの時代に現在の歴史が書かれることになれば、女王とアルバート公の多大な功績を知ることになるかもしれない」。もっとも冷静で思慮深く、かつ教養に富んだ政治家たちがかつては嫌悪したイギリス国制の神秘が、今では、彼らの愛と崇敬の的になっているのである。

この変化の理由について説明する前に、国王の義務の一つを議論から外しておかなければならない。形式的な義務のことである。国王は、無数の形式的な文書に承認を与えて署名しなければならない。この文書の中には、政策的な内容が少しもないもの、取るに足らない主旨のもの、役人であれば誰でも署名できるものが含まれている。ジョージ三世は、大量の書類について、署名する前にいつも読むことにしていた。そこで、たまりかねたサーロー卿(7)は、「ご覧になっても無駄かと存じます。おわかりにならないでしょうから」と具申した。〔／〕

しかし、最悪なのは、陸軍将校を任命する辞令の場合である。ほんの三年前に法律が成立するまで、国王はすべての将校任命辞令に署名することになっていたのである。(8) 今でも女王は、新任将校の場合には、辞令のすべてに署名している。避けられない当然の結果として、この種の辞令が、何千にものぼっていたため、かつては署名がないまま積み上げられていった。現在でもいくぶん滞りがちである。職位を離れて何年も経ってはじめて、辞令を受け取るよう通知が来た、ということもたびたびあった。女王が一般の役人だったなら、とうの昔に不満をぶつけて、こんな奴隷的な労役から解放されていたことだろう。「愚か者が国王になるかもしれない。だから、そうなったとき王が害をなさないよう仕事をたっぷりと与えてやるのは悪くないことだ」。ある皮肉屋の政治家が、こう言って国王の雑務を擁護したと言われている。しかし、あれほど多くの形式的な儀礼的義務を履行しなくてはならない人物の前に、形式的な事務仕事を積み上げるのは、実際問題として愚かなことである。ジョージ三世は、どれだけ些細なことでも、何でも知ろうとしたし、どれだけつまらないことにも同意を与えようとしたが、国王のこうした仕事も、その当時の名残りなのである。こうした日々の労務は、議論から除いてよい。よきにつけ悪しきにつけ、このような職務によって、君主が権威を得られるわけではない。

イギリス国民が国王の存在からどれほど利益を得ているのかを確かめるいちばんの方法は、想像力を最大限働かせて、国王がいない場合、この国はどうなるのかを思い描いてみることである。議院内閣制から重要でない付属物をすべて取り除くと、二つの必需品だけが残る。代表議会(庶民院)とこの議会によって任命された内閣である。これらだけでどのようにやっていけるか、検討してみよう。イギリス人は国制を分析するということに不慣れである。国制が生み出す効果はすべて、〔国制の一部ではなく〕国制全体がもたらしているのだという考えが、イギリス人には染みついている。そのため、国民の大多数は、以上二つの簡潔な要素だけで国が栄えるのか、そもそも存立自体が可能なのかを想像できない。しかし、イギリスの政治体制をどこでも模倣できるか否かは、この二つだけでやっていけるかどうかにかかっている。真に崇敬を受ける君主、実際に尊敬される貴族院は、ほぼこの島国だけに特有の、もしくは、もっぱらヨーロッパだけに特有の歴史的偶然の産物である。新興国が、大統領制に格下げしないで、議院内閣制でやっていこうとなった場合には、旧世界の残骸に頼らずに、現地の素材だけで内閣制度を創出しなければならないのである。

イギリス議会が実際に行っていること、つまり首相の任命については、これを行う体裁だけでも整えようとするなら、様々な方法を挙げることができる。しかし、その中でもいちばん簡素な方法を採ることにしたい。そうすることで、この政体のありのままの骨格を観察でき、君主制との相違点を理解できるだろう。そうすれば、議論の都合上、私が自分の説明に都合のよい代役を恣意的に選んだ、という批判も避けることができる。

そこで、他の機関の支えなしにそれ自身で存立している庶民院の場合を考えてみよう。庶民院は、鉄道会社の株主たちが取締役を選任するのとまったく同様に、きわめて簡潔に首相を任命することになる。死去か辞職によって首相が不在になった場合に、誰かひとりの議員または何名かの議員に後継者を指名する権利がある、としておこう。そうして、適当な期間、たとえば内閣の危機のときに現在普通おくことになっている一〇日間ないしは二週間をおいた後で、出席議員たちに彼らが望んだ候補者に投票させるとしよう。議長が票を数えて、最多得票の候補者が首相になる。この選挙方式を採れば、首相選択権はすべて政党組織が握ることになるだろう。国王が干渉しないのであれば、イギリスの現状と少しも違わない。無所属のよそ者が任命されることは決してないだろう。なぜなら、すべての大政党が議場にもたらす膨大な票数は、泡沫議員や少数派議員の全数をはるかに超えるからである。首相の任期が固定されることはないが、在職できるのは、適切に政務をこなしているあいだ、あるいは議会の意向に沿っているあいだにかぎられる。以下で分析する相違点に留意するなら、必要な変更を加えることによって、すべてイギリスと同様に進むことになるだろう。つまり、不信任決議がなされた場合、イギリスと同じく、首相は辞職しなければならない。しかし、〔非君主制の庶民院の場合には〕後継者の選出に際して、議会の意志が公然と表明され、これのみにより決定されることになる。他方、イギリスの場合は、議会の力は支配的ではあるが、あくまでも潜在的な力〔であり、公然と表明されることはない力〕である。

この点について、三つの部分にわけて考えると、議論がわかりやすくなるだろう。議会政治の全行程には、三つの段階がある。はじめに内閣が任命される時期、次に内閣が運営されている時期、最後に内閣が終わりを迎える時期である。これら三つの各段階において、厳密に見て国王がどのような効果を発揮するのか、また国王不在の簡潔な形態の議院内閣制が、よくも悪くもイギリスの政治形態とどのように異なるのか、これらについて考察していこう。

内閣が出発する時点で、二大政党だけが存在していて、そのうちの多数党が、議会指導者であり首相となる人物の選任に関して完全に合意しているなら、君主制を採るか否かに大きな違いはない。君主制を採る場合、君主はこの指導者を認めなければならない。庶民院が直接選出する場合も、庶民院はこの人物を承認しなければならない。庶民院の指導層が、しっかりと調和を図りつつ行動して決定を促すことになるだろう。こうした状況では、実質的な抵抗も起きないし、おそらく競合が表ざたになることもない。優越的な多数党は、内部に亀裂を抱えないかぎり、専断的に決定できるのである。こうした状況では、君主が存在するかしないかにかかわらず、議院内閣制は支障なく運営されるだろう。もっとも優れた君主が役に立つ機会もなければ、もっとも愚かな君主が害をなす余地もない。

ところが、指導者の選定について多数党の中に合意がない場合には、きわめて深刻な問題が生じる。君主制下では、この場合、君主が実質的な選択権を握ることもある。非君主制下では、誰が選ぶことになるのだろうか。きっと「ウィリスの間」[9]で会合がもたれるに違いない。そうなれば、多数党内部の多数派が少数派を圧倒して、党内で専制的支配を進めるはずである。こうした事情から、一八五九年、ジョン・ラッセル卿[10]は、最高権力者の地位をあきらめて、パーマストン卿の下僚となることに甘んじなければならなかった。政権の座を狙う政党は、党内の各派を率いる指導者たちに暗黙の圧力をかけるだろうし、そうせざるを得ないだろう。こうした政党がいつも適切に有能な人物を指導者に選出するかどうかという点で、疑いの目が向けられるのも無理はない。党内の意見が一度割れると、公平な第三者が推薦する人物に対して、全党一致の賛成を得ることが難しくなる。ありとあらゆる種類の嫉妬や敵意が一挙に噴出して、落ち着いた状況を取り戻すことにいつも難儀する。沈静化できないことも多い。〔乙〕

ただし、こうした状況に陥った場合でも、政党は、いちばん有能な指導者を選出できなくても、とりわけ優れた指導者を選び出したいと強く願ってはいる。党の規律の維持が、この指導者の優劣にかかっているからである。大統領制の場合、コーカスの黒幕たちは、大統領候補を選ぶ際、もっともふさわしい資質を持った人物であることを気にかける必要はない。彼らは、候補者としての魅力だけを考えればよく、大統領としての統治能力を考慮に入れなくてよいのである。判断力に乏しい人物を選んだとしても、所定の任期のあいだ大統領の座にとどまるだけである。最高の判断力を示す人物の場合でさえ、任期満了を迎えれば、憲法の定めによって次の選挙が行われることになる。ところが、議院内閣制の場合、こうした任期の定めはない。政権交代は可能だし、任期も実績

しい試験を受けているのである。これに不合格となれば、辞職しなければならない。

どのような政党であっても、内閣という統治のしくみが首相に託している強大な権力を、無能な人物に進んで委ねるようなことはしないだろう。首相は、議会によって選ばれる一方で、議会を解散することができるのである。議員たちは、欲しくてたまらなかった自身の威厳を破壊できるほどの権力が適切な人物の手中に収まるのかどうか、当然、気がかりで仕方ない。彼らは、国民に害をもたらすばかりでなく、自分自身を完全に落ちぶれさせることにもなる権力を、不適当な人物の手に委ねるような冒険に出たりはしない。だから、多数党の党内が割れている場合でも、非君主制下の議院内閣制は常に、最高ではないとしても、かなり有能な議会の指導者、ひいては優れた首相を確保するだろう。では、君主を伴った議院内閣制は、これ以上の成果を上げることができると言えるだろうか。

一つの場合に限って、それも可能だと思われる。優秀な判断力を持っていて、偏見に左右されず、政治的知識も豊かな立憲君主を考えてみればよい。こうした君主なら、党内対立のために政党が独自に指導者を指名できない状況でも、党指導層の中から断然優れた指導者を選抜できるだろう。君主が、倫理学者たちの作品で強調されているような、聡明な知性を持ちながら自分の利害を完全に免れた第三者[12]の役割を演じることができる場合、国民に選ばせるよりも適切な人物を国民のために選ぶことができる。しかし、君主が偏見から免れておらず、ほとんど奇跡的とも言えるような判断力を持たない場合には、政党自身よりも賢明な選択を行うことなどありそうもない。政党のように賢明に選ぼうとする動機を持たないことがはっきりしているからである。君主の地位は、何が起きても不動である。しかし、政党の浮沈は、自分で選出した指導者の能力に左右される。

他にも大きな危険がある。君主の判断が偏見に左右されやすいという危険である。ジョージ三世の個人的な反感は、四〇年以上にわたって歴代内閣の巨大な障害となった。ジョージ三世の在位の初期には、チャタム卿が退けられた。終わり間近には、ピット氏[13]がフォックス氏と連立政権を組むことを認めなかった。王は、いつも凡庸な人物を好んで、おおむね有能な人物を嫌った。また、王は常に偉大な構想を嫌った。立憲君主が経験に乏しく平凡な能力しか持たない凡人であるなら（奇跡が起こって、その能力を少しばかり上回る君主が出現することを期待する権利すら、私たちにはない）、君主の判断が政党の判断に劣る事態は頻繁に起こる可能性がある。この場合、ピットのような独立心の強い第一級の人物ではなく、アディントン[14]のような従順な平凡人を好む、という慢性的な危険に陥りやすい。

議院内閣制の危機、つまり三党鼎立の状況で、君主制と非君主制とで首相の選択にどのように違いが生じるかについて検討してみても、これまでと同じく、長短入り混じった結論に達するだろう。こうした政治状況では、議院内閣制の短所がもっとも表面化しやすく、その長所が示される可能性はほとんどない。議院内閣制の際だった特徴は、立法議会が行政府の長を選出するというところにある。しかし、三つの政党が存在する場合には、適切な選択ができなくなる。本当に納得が得られる選択は、信頼に基づいて選択権を託された多数党によって行われる。ところが、三党分立のときには、そうした信頼が存在しない。いちばん数の少ない政党がキャスティングボートを握って、候補者選定の決定権を持ってしまう。しかし、この党は、その代償を支払うことになる。自党の候補者に投票する権利を失う、という代償である。自党で候補を立てるのを断念して、他党の候補者たちの中から選ぶことになるわけである。こうした自己否定に基づく選択は、確固としたものでは決してない。だから、いつ撤回されてもおかしくない。〔／〕

右の議論と完全に一致する事例ではないが、一八五八年の一連の出来事は、このことを十分に例証してくれる。(15) 急進派は、〔のちの〕自由党の穏健派とは別行動をとって、〔保守党の〕ダービー卿の政権を支えた。超進歩派が、現状墨守の党との提携を得策だと考えたのである。彼らのひとりは、品はないがわかりやすい言い方で「あいつらの下にいるよりも、こいつらの下にいる方が、こちらとしては実入りも大きい」と言い放った。ここには、トーリーはウィッグ以上に急進派の言い分に耳を傾けるだろう、という判断が示されている。しかし、これほど顕著な両極端の連携が長持ちするわけがないことは明らかである。連携の代価は、急進派の場合は、自分たちと正反対の原則を奉じる人々を選ぶことであり、保守党の場合は、自分たちの目的とは正反対の政策に同意することだった。それからすぐに急進派は本来の同盟関係に戻って、〔同盟相手の〕穏健なウィッグにいつも通りの不満をぶつけるようになった(16)。急進派は、まずはある意見を持つ政権を支持して投票し、次に正反対の意見を持つ政権を支持して投票したのである。

私は、この行動を非難しているわけではない。単なる一例として用いただけである。私が言いたいのは、この種の行動が大がかりに、かつ長期にわたれば、議会政治が不可能になる、ということである。三党が並んで、そのうちの二党が協力して行動するためにしっかりと結束することなく、最弱の政党が二つの政党のあいだをしきりに行き来することになれば、議院内閣制の前提条件が損なわれてしまう。これでは、政権の選択にふさわしい議会が存在しないことになる。つまり、十分な期間継続する行政府の選定を期待できないのである。なぜなら、選定を任された人々の考えや感情が一貫性を欠いているからである。

君主制の下にある場合もそうでない場合も、ともかく議院内閣制を採るなら、この欠点を回避するには一つの方法しかない。どの政府を支援するために、どの政党の中にもいる穏健な人々が、大局的に見て、どの政党にもいちばん都合のよい政府を支援するために、たがいに連携しなければならないのである。パーマストン卿の政権は、この手法で近年まで維持されてきた(17)。多くの点で欠陥のある内閣だったが、強硬な外交政策と内政における積極策とによって、従来の大半の内閣以上に多くの成果を上げた。穏健な保守党員と穏健な急進派の人々が、ウィッグの穏健派と非常に緊密な連携を保って、安定的な政府を維持してきた。国王がいようがいまいが、政府の維持をいちばんに考えるこの自制の態度こそ、こうした議院内閣制最大の試練のときに私たちが頼みにしなければならない主要な力なのである。では、この穏健な姿勢が君主の存在によって助長されるのか、あるいは阻害されるのか。君主制下の内閣政治は、より望ましい結果を生むことになるのだろうか、それともより望ましくない結果を生むことになるのだろうか。

君主が天才的な判断力を持っている場合、このような危機のときに、君主がなせる貢献はきわめて大きなものになるだろう。こういう君主なら、穏健派がすぐには探し出せないが、結局は彼らのお眼鏡に適って見つけ出されるような人物を、自分で選び抜いて首相に任命する。そして、できるかぎりその地位に留めるように努める。君主が良識を持っていて、経験豊かで直感力も鋭いなら、党派をどのように組み合わせれば安定的な均衡を生んで、またどの分派となら、他の分派の穏和な人々が最終的に協力することになるかを見分けることができる。各党に混乱が見られる移行期において、こうした君主は優れた選択を行う機会を数多く手にすることになる。政権を作るために組閣の大命をＡＢに下すかＸＹに下すかは、君主の肩にかかることになり、そのどちらかが奮闘の機会を与えられる。各政党が騒然と入り乱れるような状況では、政権は安定しない。しかし、そうしたときにも、一時的な寛容の精神に満ちることがある。何かが必要だが、その何かが判然としない。そこで各党は、少しのあいだ、目先にあるものを受け入れて、それが求めていた未知のものなのか、それが何の役に立つのかを見極めることになる。一七六二年のニューカッスル公[18]の辞職から一七八四年[19]のピット氏の首相就任まで、長いあいだ弱体な政権が続いたが、この時期は、ジョージ三世の強硬な意志が最大の政治的原動力だった。政党の分裂が複雑なものになって長期化することは、議会政治を長く続けている国ではしきりに生じるし、また短期間で終わることもない。こういう時期に、君主による選任という外部の力が常に思慮深く働くなら、計り知れない政治的価値を持つことになるだろう。

しかし、そんなことが実際にあるだろうか。立憲君主は、通常の政治の動きの中では、単なる平凡な能力の持ち主になるしかないのである。世襲の王族には、幼少期に身についた精神の軟弱さがある。これを見ると、君主の能力は低いと考えざるをえない。理論と経験の両方が教えてくれるように、王太子の教育は貧弱な内容になるしかなく、王族はたいてい、他の家族よりも能力面で劣ることになる。そうだとすれば、天才とは言わないまでも、少なくとも天才と同じくらい希少な鋭い判断力を持った人物が王室から代々出てくることを期待してよい理由が、どこにあるのだろうか。

おそらくほとんどの場合、立憲君主の最大の英知は、考え抜いた上で動かないでおく、という姿勢の中に示されると思われる。一八五七年から一八五九年のあいだの混乱期に、女王とアルバート公は、自分たちの選択を押しつけるようなことをしなかったが、これはきわめて賢明なふるまいだった。両人の選定ということであれば、パーマストン卿は選ばれなかっただろう。しかし、政界はふたりの介入がなくても落ち着く方へと向かい、政界内の力学だけでうまくまとまりつつあった。そこに外部の人間が介入すれば、単にそれを遅らせるだけになっただろう。女王夫妻は状況をこのように見通していた。あるいは見通していると思われていた。実のところ、古今問わず英明な国王には、共通の特質がある。自分の英知に自信がある君主ほど、それを軽々しく示すことがないのである。議会の責任は、議会自身が感じ取るべきである。議会が、政府の選定の一切を君主の職務だと考えるかぎり、自分たちで政府を見いだすことはきっとできないだろう。君主制下の議院内閣制は、付属の装置を機構の主力にまで格上げするなら、つまり、最高の職責を果たすべき議会が、その義務の履行を別の機関に期待するようになるなら、あらゆる政治体制の中で最悪のものになる。

さらに、非君主制の形をとった議院内閣制を公平に扱うために、もう一つ注目しておく必要があるのは、これが君主制形態にいちばん特徴的な最悪の欠陥を免れているということである。宮廷が存在しなければ、宮廷に発する諸悪も生まれない。その影響がどんなものなのかは、周知のことである。とはいえ、もっとも優秀で注意深い観察者でも、宮廷が及ぼす絶大な影響について自信を持って正確に論じることは、ほとんどできない。

サー・ロバート・ウォルポールは、キャロライン王妃[20]の死後に、現代人から見ればきわめて荒っぽい言葉遣いで次のように言った。王の娘たちのことなどあずかり知らぬが（「あの小娘ども」と彼は言った）、王の愛人、ヴァルモーデン夫人[21]にだけは頼ることになるだろう、と。ジョージ四世の時代のある著述家は次のように述べている。「王は、私たちを気に入っておられる。そんなことより大事なのは、コニンガム侯爵夫人[22]も私たちを気に入ってくれていることなのだ」。イタリア統一以降、イタリア政府のいくつもの交代に影響を与えた勢力がどんなものだったか、知らない者はいない。宮廷の外の状況が何もかもせっぱ詰まってくると、こうしたよからぬ勢力が特に危険な勢力となって、きわめて強い影響力を発揮するようになりがちである。王の愛人が、どれだけ気性が荒くてよこしまだとしても、強大な政権に対して陰謀をめぐらすようなことはないだろう。しかし、議会が混乱し政党が分裂して、後継候補が多数現れ、悪事もたくらみやすくなって議院内閣制が困難に陥ると、多くの人々が陰謀を企てることになる。

君主なしでも立派な内閣を発足させることは可能だと知るのは、非常に重要である。なぜなら、植民地の政治家たちの中には、これを疑う者もいるからである。「内閣が動き始めさえすれば、総督なしでもうまくやっていけると思う。しかし、はじめの立ち上げ方がよくわからない」と言った者がいた。次のような議論が提起されたことさえある。つまり、イギリスから分離独立し、独立政府を設立した植民地が、アベ・シィエス考案の大選挙侯のような終身の総督を選んで大臣選任の全権を委任する、というやり方は愚策ともかぎらない、という議論である。しかし、植民地にこうした役職を導入するのは、現実的には、わざわざ障害物を自ら組み込むに等しい。この総督は、確実に党派人となるからである。政治的に活発な社会はいくつかの大きな党派にわかれるものだが、こうした党派はたがいに、一国のもっとも尊厳ある地位を求めて争うことになるにちがいない。各党派は、あらゆる問題に立ち入って、すべてに干渉する。どの党派も、最高の名誉のある華々しい地位に自分たちの気に入った人物が就かないなら、決して承認しないだろうし、承認することもできないだろう。こうした党派はまた、この大選挙侯、つまり大臣たちの偉大なる選定者が、差し迫った危機の際、よき友にも悪しき敵対者にもなりうることを知っている。いちばん勢力の強い党派は、態度を決するべきときに自分たちの側につき、味方すべきときに味方し、常に自分たちを支援して、敵方の妨害者となるような人物を〔総督として〕選ぶことになる。相争う党派の選挙によって、大臣たちを公平に選定する人物が選び出されるだろうと考えるのは、ばかげたことなのである。

しかし、君主の機能が多くの人々の主な関心の的となって、ほとんどの人々がその重大さに気づくのは、政権成立時よりもむしろ、政権が続いている期間である。私自身も、これと同じ見方である。教養があって政治的に成熟した国民を支配する立憲君主の地位とは、知性を最大限発揮して、よからぬ知性を最大限抑制しなければならない地位である。賢明な人物なら、他のどんな地位よりも就いてみたくなる地位だと思われる。

政権継続中の国王の義務に関しては、ヴィクトリア女王自身の手による、断片的ではあるもののきわめて貴重な手記がある。一八五一年、ルイ・ナポレオンがクーデタを起こしたが、一八五二年には、ジョン・ラッセル卿もまたクーデタを断行した。パーマストン卿を放逐したのである。(23) ラッセル卿は儀礼を破ったが、それはとても有益なものだった。つまり、政敵パーマストン卿が果たさなければならない義務について記された女王の覚え書きを、庶民院で読み上げたのである。それは以下のような内容だった。「第一に、私は、パーマストン卿に本件における卿自身の意図を明確に述べるよう要求する。それは、私が与えた裁可の内容を、私自身が正確に理解するためである。第二に、私がいったん裁可を与えた政策の内容を、大臣が恣意的に変更または修正すべきではない。そのような行為は、国王に対する誠実さを欠いていると考えざるをえず、国制に定められた国王の権利を行使して大臣を罷免しなければならない。また、私は次のことも希望する。卿と外国の使臣たちとのあいだで進められた交渉内容について、重大決定を下す前に逐次報告すること、外国からの急信も遅滞なく受け取ること、私の承認を必要とする文書の草稿を送る際には、返送期限までに私がその内容を熟知できるよう時間の余裕を持たせること。以上である」。

国王は、特定の大臣たち、とりわけ外務大臣を監督するだけでなく、内閣全体に対する一定の監督を行う。一般に理解されているように、首相は、もっとも重要な政治的決定事項のすべてについて、その中心的な内容を国王に上奏しなければならない。また、これは新聞紙上でも十分知ることはできるが、議会における重要な票決についても同様である。首相は、国内の政治状況に関して、国王が知っておくべきすべてのことを知らせるよう配慮しなければならない。国王は、政府の重大な行為のすべてについて、事前に知らされない場合だけでなく、検討の最中、つまり、取りやめ可能な時期に知らされない場合にも、厳格な慣行によって、異議を唱える権利を持っている。

以上を簡潔にまとめるなら、次のようになる。イギリスのような立憲君主制においては、君主には三つの権利がある。相談を受ける権利、奨励する権利、警告を与える権利である。きちんとした良識と聡明さとを兼ねそなえた国王なら、他の権利はまったく必要ない。むしろ、何も持たないことこそが、これらの権利のきわめて効果的な活用を可能にする。こうした国王なら、そのことをよく理解しているはずである。彼なら大臣に向かって次のように言うだろう。「この政策の責任は大臣にある。何であれ、君が考える最善の策を打たねばならない。最善の策を考えるのであれば、最大限の力強い協力を惜しまない。ただし、自分で提案した政策がかれこれの理由で愚策であったとか、提案しなかったものがむしろ良策であった、などと気づくこともあるだろう。私は反対はしない。それが義務である。しかし、私が警告するということには留意されたい」。国王が正しく、また歴代の国王の中にしばしば見られるように、効果的な表現の才能を持っているなら、必ず大臣の行動を左右することになる。大臣の方針をいつも転換させることにはならないかもしれないが、大臣は常に熟慮を迫られることにはなるだろう。

　在位が長くなれば、聡明な国王なら、並の大臣では渡り合えないほど経験豊かになっている。たとえば国王は、次のように言えるようにもなる。「大臣は、あのときの内閣が行った交渉について調べてみたことがあるだろうか。たしか一四年前のことだったと思うが。大臣が提案している政策がどんな失敗に終わるか、教訓的な例になるだろう。

あの当時貴兄は、今のような重責にはなかった。だから、当時の交渉過程のすべてを十分に覚えていないとしても無理はない。よく思い出してみるとよい。そして、当時交渉に当たった同僚の年寄り連中とよく話し合ってみたまえ。つい最近うまくいかなかった政策をもう一度、というのは愚かなことだ」。実際、こうした国王には、事務次官が上司の大臣に対して持っているのと同じ利点がある。つまり国王は、前任の大臣たちと進めてきた政務の手順を知っているのである。〔ノ〕

こうした手続きは、次官の人生の一部になっていて、彼の思考の最良の部分を構成し、ときには彼を不安にしたり、安心させたりしてきた。彼の制止にもかかわらず着手されたものも、承認を経て採択されたものもある。大臣には、前任者の時代に何かが行われたようだというぼんやりとした記憶しかない。実際のところ、当時の彼は、この種の政務についてほとんど知らなかったし、また気にもかけていなかった、というあたりが正解ではないだろうか。事務次官なら明確に、また即座に思い出せる事柄について、大臣は、いちから学ばなければならない。しかし、それには苦労がつきもので、しかも中途半端にしか学べない。もちろん大臣は、上役の権威を笠に着て、暗黙の圧力をかけることで部下を黙らせることができるし、実際にそうしたことが行われることもある。大臣は次のように言うのである。「私だってこのやり方で十分だとは思わんよ。ただ、君が参考にしている当時だって、たくさん失敗したではないか。もっとも今ここで議論しても仕方のないことだが」。尊大な人間は、彼の下にいる者の提案を難なく一蹴してしまうものである。〔〕

ただし、部下の場合にはそうした扱いもできるかもしれないが、国王となるとそうもいかない。大臣が事務次官の提言を覆すことができたのは、彼の方が優越的な地位にある、という社会的に認められた力が働いてのことである。しかしこの場合は、この力が大臣の側にではなく、国王の側に移ることになる。大臣はもはや、下僚が謹んで言上する進言を聞き入れる立場にはない。むしろ、彼自身が、目上の人に向かって、敬意を表して奉答しなければならない立場に置かれることになる。事実、ジョージ三世は、当時のどの政治家とも同等もしくはそれ以上に、政務の処理方法に通じていた。もし彼が、実務家としての能力と勤勉さとに加えて、政治家としての分別にも秀でていたなら、専制的な影響力を発揮することになっただろう。昔のイギリス国制が、現代にはない種類の権限を王権に与えていたことに疑いの余地はない。国王は、主に自らの官職任命権を通じて議会多数派を買収し、また大臣と謀って、あるいは単独でその取引を行う一党派だった。ところが、現在の国制の下でさえ、ジョージ三世のような君主が、同時に優れた政治的能力も持つのなら、最大の影響力を発揮することになるだろう。ベルギーでは、国王レオポルド(24)が、今述べたような手段を利用して絶大な権力をふるってきたということは、ヨーロッパ中に知れわたっている。

近年のイギリス史の実際の動きに詳しい人なら誰でも知っているように、アルバート公は、これとまったく同じやり方で、巨大な権力を実際に手に入れた。彼には、まれに見る立憲君主の資質があった。あと二〇年長生きしたなら、彼の名はレオポルド国王と同様にヨーロッパ中に知れわたることになっただろう。生前、彼は不利な立場に置かれていた。イギリスで最高の権力を持っている政治家たちが、彼よりもはるかに経験豊かな人々だったのである。彼はマームズベリ卿(25)を圧倒するほどの影響力を持っていたわけではないが、それでも相当な権力を行使できただろうし、実際に行使していたことはたしかである。しかし、その彼でも、パーマストン卿を従わせることはできなかった。すでに同世代のほとんどの人々が自分の家族の面倒を見ることさえできないほど年老いていたが、イギリスを支配していたこの政治家は、アルバート公誕生以前に没していた政治家たちをことごとく記憶していた。このふたりは、年も違えば、性格も別物だった。

ドイツ出身の殿下の綿密な性格は、正しくもまた鋭くもゲーテのそれと比較されてきたが、アイルランドとイングランドの血を半分ずつ受け継いだパーマストン卿にとっては、まったく異質のものだった。大した危機でもないのに大げさに勇気を示そうとしたり、効果はあるが品のないやり方で陳腐な意見を押しつけたりするところにパーマストン卿の欠点があるが、これが学究肌の注意深さと気骨とをあわせ持つアルバート公の神経にさわったことは、疑いようがない。これが事実だということは、私たちの世代のうちには表に出てこないだろうが、私たちの孫の時代には知られることになるだろう。アルバート公には多くの功績があるが、早くに亡くなってしまった。それで、彼より経験に乏しくて、彼から学びたがっていた若い世代の政治家たちに影響を与えることはできなかった。

大臣と君主とのあいだで協議が行われる場合、これが純粋な議論によって進められると考えるのはばかげたことである。「国王を囲む神聖な生け垣(26)」には昔の輝きはないが、それでも神々しい光を放ってはいるのである。例外的な人もいるかもしれないが、どんな人も大臣室で大臣と議論することになれば、大臣ではない人物と大臣室以外の場所で議論するときのようにはいかないものである。自分自身の話の要点をうまく伝えられなくなる。相手の議論をうまく論破できなくなる。君主の居室となると形勢はさらに悪くなる。これについては、チャタム卿がいちばんよい事例を与えてくれている。彼はイギリスの政治家の中でももっとも尊大で傲慢な態度をとる政治家であり、また国王と貴族の意に反して権力の座に就いた、つまり民衆の支持によって首相になった最初の政治家だった。チャタム卿が、人民の誇り高き護民官として、君主に対しても、他の人々に対してと変わらず尊大な態度で臨んだのではないか、と考えたくなるのもわかる。ところが現実は正反対で、彼は自分の想像力の奴隷になっていた。君主の周りを神秘的な霊気のようなものが取り囲んでいて、いつもの卿ではいられなくなったのである。バーク氏(27)は言っている。「国王の私室を一目覗き見て以来、彼はすっかり夢見心地です。その夢から覚めることは、生涯ないでしょう」。ある風刺作家が述べているように、朝見のときでさえ、〔後ろから見ると〕かぎ鼻のてっぺんが両の脚のあいだから見えるぐらいまで、彼は低く頭を垂れた。ジョージ三世の執務中、彼は王のベッドの傍らでずっとひざまずいていた。誰も、ひざまずいたまま「議論」はできない。このように身体的な態度に現れた迷信的な感情と同じものが、精神的な態度としても現れることになる。〔／〕

他人のお粗末な議論には反論する人も、国王の議論がお粗末な場合には反論したりしないだろう。最善の策を効果的に歯切れよく論じることができる人も、国王が聞きたがらない話だとわかっていれば、口にすることはないだろう。どちらの議論が優れているか決めがたい場合には、いつも国王の議論に軍配が上がるにちがいない。しかも、政治的な議論においては、問題が重大であるほど議論は甲乙つけがたくなるものである。そのため、国王の見解に対して賛意が述べられるときにはいつも、上々の評価を受けることになるが、大臣の見解には、実際よりも減点された低い評価しか与えられないことになる。

また、理論の上では、国王には、危急の際に行使できる非常用の権限があるとされているが、法律の上では、この権限はいつでも行使可能である。国王は議会を解散できる。命令によらなくても、首相に向かって次のように言うことができる。「現議会は君を私の下に遣わした。しかし、別の者をここに寄こす議会を選ぶことができないかどうか、よく考えてみたいものだ」。ジョージ三世は、国民が自分を支持しそうな場合、あるいは少なくとも自分に反対することはないという見通しが立つ場合には、自らの立場を固持することが何よりの策だということがよくわかっていた。さらに、自身が気に入らない首相に対しては、彼はいつも、後継候補の影をちらつかせて震え上がらせていた。こういう話になると、彼の場合、錯乱した人間が持っている狡猾さに似たものが姿を現すのだった。彼は、当代きっての政治家たちと衝突したが、敗北することはめったになかった。議論で負けそうな場合には、暗黙の脅しをどのように使えば勝ちを収められるか、さらに、君主に対する習慣的な敬意を利用するのがどれだけ有効な方法なのかが、彼にはわかっていたのである。

　こういう権力があるとすれば、おそらく、賢明な人物であっても誰もが使ってみたいと強く望むだろう。少なくとも、ためらうことなくそれを持っておくだろう。専制的支配者になりたがること、ギリシア人の言葉を借りれば、「僭主たることへの渇望」は、今日では、教養のない精神の印でしかない。専制的支配者になりがたるような人は、「物事には不確実さが伴う」というバトラー[28]の言葉を深く考えることができなかったのである。こういう人は、自分の考えを他人に守らせるのが正しいことだと確信していたり、自分の考えを力ずくでも守らせてやりたいと思っていたりする。独りよがりの考えに執着して、他人がそれを受け入れて生活や行動に採り入れるよう執拗に迫る。他人の意見を聞きたがらないし、そうした意見の中にある真実にじっくり耳を傾けて評価することもできない。こういう人物は、現在の文明状態からすれば、知性の野蛮状態にあるとしか言えない。私たちは、事実は無数にあって、進歩とは複雑なものであり、(若者にありがちな)情熱的な考えはおおよそ間違っているか、たいていは不完全なものだと、ともかく考えている。先見の明のある専制的な政治家、つまり、まだ見ぬ将来世代のための構想を打ち出せる政治家という考えは、事実の支えを欠いた幻想であって、人間知性の傲慢さが生み出したものである。シャルルマーニュ[29]の構想は、彼の死とともに終わった。リシュリュー[30]の構想は間違っていて、ナポレオン[31]の場合は、極端に大げさで血迷った構想だった。〔／〕

しかし、賢明で偉大な立憲君主が、こうした虚栄を追い求めることはない。君主という職務は、空想の中を飛び回るようなものではない。地味な事実の世界の中で日々精励して、実現可能で望ましく、費用に見合った効果のある計画だけを取り扱うのである。国民に選ばれた歴代の政権に対して、君主は次のように言い続ける。「私としてはこのように考えるのだが、どうだろう。その中に役立つことはないか、考えてみてくれたまえ。理由については、メモ書きを残しておいたから、後で渡すことにしよう。もしかしたら考えが十分に尽くされていないかもしれない。しかし、大臣が検討する際の材料くらいにはなるだろう」。こうしたきわめて英明な国王なら、歴代の内閣と長年にわたって議論を積み重ねてきたことで最善の構想を提示できるから、その構想が採り入れられる可能性は高い。実現性に乏しい他の計画は、すべて門前払いとなる。こうした国王が、時代からはずれて役立たずになるということはない。というのも、国王は、代議士たち、つまり時代を体現した人たちを納得させる必要に迫られてきたからである。国王には、目新しい事柄すべてに対して、自分の見立ての正しさを証明する非常に有効な手段がある。というのも、おそらく国王は、平凡な日常生活を送っている庶民が選んだ代表者たちと、長年議論を重ねた上で彼らを味方につけてきたはずだからである。為政者たちは、同じ時代の人々に気に入られてその地位に就いたので、奇抜な考え方や深い思想を採り入れようという気分がそれほど強くはない。〔乙〕

安らかに墓に入ることができるのは、他の誰よりも、聡明で創意に富む立憲君主だろう。こうした君主なら、自分で定めた法律こそが時代と調和するいちばん優れた法律であり、それを運用する国民に適していて、国民もそういう法律のおかげで利益を得るのだということを知っているだろう。こういう君主の人生は幸せなものになるだろう。この君主は、人生を歩む中で、いつも自分の意見に耳を傾けさせることができたし、その行動に責任を負う人々に事前に自分の意見について考えさせることができた。彼が世の中で実行に移した企ては、個人的な性格から生じた偶然の思いつきではなかった。そういう企てはたいてい間違っている。そうではなくて、あらゆる企ての中でいちばん正しいと見込まれるものだった。それは、ひとりの非常に賢明な人物によって生み出され、結局は、普通の知性をそなえた多くの人々が受け容れて、彼らの行動指針となる構想だった。この君主は、自分の企てがそういうものだったことに気づける人生を過ごしてきたのである。

しかし、こうした国王の出現など、望めるのだろうか。また、もっと重要なことだが、こうした国王を輩出し続ける王統など期待できるのだろうか。スタール夫人[32]が皇帝アレクサンドル[33]の御前で専制君主制の素晴らしさを讃え熱弁をふるった。このとき皇帝が、「おっしゃる通りです、夫人。しかしそれは幸運な偶然にすぎない」と答えた、という話は有名である。偉大な才能と善意は、有能で善良な専制君主に不可欠であるが、それらを合わせ持った人物を代々輩出するような家系など存在しない、ということが皇帝にはよくわかっていた。これらの性質は、人間本性のうちの先祖伝来の部分とは無関係だということを理解していたのである。では、立憲君主に必要な性質ならば(善良な専制君主の場合よりも)遺伝的な部分に含まれる、と言うことができるだろうか。残念ながら、そうは言えない。以上のことからわかるのは、組閣に当たって、世襲の立憲君主がしかるべき役割を果たすためには、世襲のしくみで確保できる凡庸な能力ではまったく間に合わない、ということである。偏見を持たずに分析してみれば、内閣の継続中における君主の役割に関しても、同じ結論に達することになるだろう。

歴史を見渡してみれば、イギリスの立憲君主が自身の職責を十分に果たしているのは、現在の治世だけということがわかるだろう。ジョージ一世と二世はイギリスの事情に疎かったので、よかれ悪しかれ、国を導くことはできなかった。彼らの治世においては長いあいだ、首相は議会運営の労を執るだけでなく、君主を動かす王妃や側室など女性たちに対処しなければならなかった。ジョージ三世は、たえず政治に口出しした。いや、たえず妨害し続けたと言うべきだろう。ジョージ四世とウィリアム四世は、政治指導をしっかりと継続できなかったし、またそれに不向きでもあった。大陸の第一級の大国では、立憲君主制が二世代以上続いたことはない。ルイ・フィリップやヴィットーリオ・エマヌエーレ、レオポルドは、王朝の始祖である。だからといって、王朝創始者の特異な才能が子孫にずっと伝わっていくと考えてはならない。その点は専制的な君主制であっても、立憲君主制であっても変わらない。経験が示すかぎり、有能な立憲君主が一つの家系から代々現れると期待することには、まったく根拠がないのである。

理論的に見ると、これを期待できる理由はなおさら弱くなる。君主の存在は、大臣たちを効果的かつ有益に指導できるかぎりで役に立つ。ところが、この大臣たちは、間違いなくその時代きっての有能な人々である。彼らは、議会が満足できる仕方で議会を運営したり答弁を行ったりしなくてはならない。この二つを同時に行うことは、きわめて有能で多彩な能力を持った人物でなければ不可能である。この二つの才能を働かせていれば、間違いなく世の中について多くを学ぶことになる。こういう経験をせずに議会指導者になる場合には、その前に徹底的な訓練を積んでおかなければならない。まず議席を獲得することからはじめて、次に議会の耳目を集める人物になり、それから議会の信頼を得て、さらに同僚大臣たちの信頼を得るようにならなければならない。抜群の力量を持って、人生の様々な試練をうまく乗り越えていなければ、こういうところにはたどり着けないし、その地位にとどまり続けることもできない。〔ﾉ〕

生まれながらにして王位の継承が決まっていて、歴史がそれを裏づけている立憲君主が、こうした訓練を受けて政治家になった人々との対決に勝つ見込みが果たしてあるだろうか。何よりもまず、君主がただの平均的な人物だという可能性も高い。ときには賢明な人物が出てくることもあるが、愚か者が出てくることもある。結局は、賢者でも愚者でもない、ということになるだろう。つまり、世襲の君主は、ゆりかごから墓場まで、人生の中の日常的な物事をこなしていくだけの、地味な凡人になりがちである。君主が受ける教育は、誰とも競争する必要のない者が受ける教育である。つまり、今の自分のままで十分だと常日頃感じている者、至高の威厳を帯びてきた者、実際の庶民生活を垣間見たことのない者が受ける教育なのである。王家に生まれた凡人に、庶民の中から出てくる逸材以上に偉大な才能を期待してよい理由はない。ずっと安定した地位にいる者に、優れた判断によって生き抜いてきた人物以上に見事な判断を期待することなどばかげている。分別の有無が人生の歩みに影響を与えない者に、自らの知恵によって出世して、これを働かせなければ転落することになる人物が発揮する思慮深さを期待するのも愚かなことである。

立憲君主ならではの強みはもちろんある。地位の永続性である。そのおかげで、君主は複雑な政務処理について首尾一貫した全体的な知識を身につける機会を得る。ただし、あくまでも機会でしかない。君主にはこれを活用する必要がある。政治問題の処理に王道はない。細部に入ればきりがなく、とっつきにくく複雑で、雑多な要素に満ちている。

国王は、討論の場では大臣たちと対等であり、彼らと同じ働きぶりが求められる。実務家である大臣たちと同じく、国王も実務家でなければならない。ところが立憲君主国では、君主は若い頃から、娯楽にいちばん誘惑されやすく、また実務に縛られることがほとんどない地位にいる。自らの王国という重圧が、彼の一身に重くのしかかっているのである。専制君主なら、自分が国家の中心であることを心得ていなければならない。専制君主のありよう自体が、政治のありようを決める。快楽に溺れ、その他一切を顧みなくなることも勝手にできる。しかし、それには明らかに危険が伴う。自らに災いを招いて、自分で革命の原因を作ることになるかもしれない。支配者にふさわしくない人物ということになれば、これにふさわしい人物が謀反を企てるかもしれない。〔／〕

しかし、立憲君主の場合には、何も恐れる必要はない。自分の職務を怠けても、立場を危うくすることはないだろう。地位は安定していて、収入も途絶えないし、私的な享楽の機会に事欠くこともない。彼が働く理由はいったいどこにあるのだろう。たしかに、怠けていれば、長年の努力の中で得てきた目立たない秘密の影響力を失ってしまうだろう。しかし、意気盛んな若者は、贅沢な暮らしや様々な誘惑に満ちた世界を前にして、地味な政務に対する少しばかりの影響力を将来にわたって保ち続けることに魅力を感じたりしないだろう。政務に前向きになることもあるかもしれない。「来年は、これらの文書を読むつもりだ。そして、今年よりもたくさん質問するように努力もしよう。私に対して、ご婦人方があれこれと指図するのはやめさせよう」などと言ってみるかもしれない。しかし、彼に対するご婦人方の指図がやむことはない。いちばんどうしようもない怠惰とは、よくできた計画だけで有頂天になってしまう怠惰である。スウィフト(34)は述べている。「財務卿は、今晩中にこの問題を解決すると約束した。だから、あと一〇〇日は同じことを言い続けるだろう」と。政権も、若き君主の気持ち一つで政権の実行力が弱まってしまうことにもなりかねないので、君主が政務に精励するのを歓迎しないだろう。

以上は、王太子が若くして王位に就いた場合の話である。しかし、老齢で、あるいは中年期に国王に就任するとなると事態はさらに深刻である。この場合、王は職務に適さない。青年期のすべてを、さらに壮年期の半分を怠惰に過ごしてきたのである。そんな人間に勤勉を期待する方が不自然である。中年期に放蕩三昧だった道楽者が、ジョージ三世のように働き始めたり、アルバート公のように政務に関わったりするはずはない。立憲君主にいちばん適しているのは、若いときに王位に就いて、快楽に打ち克ち、仕事の楽しみを知っていて、なおかつ生まれながらにして優れた判断力を備えた人材である。こうした王がいれば、それは神から賜る最高の贈り物である。しかしそれは、稀有な贈り物でもある。

怠惰な凡人が立憲君主の座に就いても、治世に足跡を残すことはないし、毒にも薬にもならないだろう。この場合、議院内閣制の運営は、君主が存在しない場合と変わらないだろう。有効数字の前にゼロを入れても、実質は同じである。しかし、最上なるものの腐敗は最悪（コラプティオ・オプティミ・ペッシマ）である。君主制の最悪形態は、非君主制のそれよりもはるかにひどいものになる。仕事好きで愚かな君主が大臣たちに干渉する様子は、簡単に想像できる。彼は動くべきでないときにいつも動いて、動くべきときに動かず、賢明な政策を進める大臣に警告を発して、愚策を進める大臣を支援するのである。こういう国王が誰かの道具になってしまうことも、簡単に想像できる。寵臣たちが彼を意のままに操って、愛人たちが彼を堕落させる。退廃した宮廷の毒気に当てられて、自由な統治の気風も損なわれる。

イギリスには、立憲君主の危険性をはっきりと示してくれる恐るべき実例がある。干渉病に罹った国王の例である。ジョージ三世は、治世の大半の期間、危機が生じるたびに、半ば理性を欠いた状態に陥った。生涯を通じて、彼は精神の錯乱に近い頑迷ぶりを見せた。これが執拗な悪影響を与えた。彼は、得策ではない政策に執着するとそれを捨てられず、自らの高い地位を利用して、優れた政策を進めようとしている臣下たちに方針転換を強いたのである。彼は同時代人たちの優れた道徳的模範にはなったが、その影響が彼の死後まで続くことはなかった。代わりに、彼がまき散らした害悪が悪例となって後世まで残ることになった。彼がアメリカ独立戦争を長期化させた。戦争の原因を作ったとさえ言える。その結果、現代もまだ、アメリカ人の憎悪の痕跡が消えてはいない。ピット氏の賢明な計画を差し止めたのも、彼である。おかげで、今もまだアイルランドについて難題を抱えている(35)。その時代に行うべき政策を認めなかったから、こうなったのである。それで、今になって正しい手を打とうとしても、すでに時機を逃してしまっていて、成果が上がらなくなってしまった。仕事好きで半ば正気を失った人物が王位に就いた立憲君主制は、最悪の統治の一つである。この場合、陰に隠れている〔国王という〕権力者がいて、いつも意気盛んに動き回り、たいてい自分のやり方にこだわるが、間違っていることの方が多い。大臣たちが気づいている以上に大臣たちを支配していて、国民が考えている以上に大臣たちに圧力をかける。この圧力は表に現れないので責任問題にはならないし、目に見えないので防ぐこともできない。優れた立憲君主の利益は計り知れない。しかし、愚かな君主がもたらす害悪は、ほとんど取り返しがつかないものになる。

内閣が倒れる際のイギリス国王の権力と職責とについて検討してみれば、この結論はいっそう明確になるだろう。しかし、このとき中心になる権限、つまり議会解散権と新貴族創設の大権については、非常に重要で非常に複雑な問題を数多く含んでいるので、本章の末尾で簡単に扱うわけにはいかない。これを十分に検討するには本章と同じくらいの分量が必要になるので、別の章〔下巻第七章〕で論じることにしよう。

第四章　貴族院

前章で論じたように、立憲君主は、機会があれば、組閣時でも内閣が続いているあいだでも、第一級の役割を果たすことができる。しかし、また同じく論じたように、実際の君主は、そうした役割を果たせそうにない。平均的な人間にありきたりの君主教育を施しても、その力量はたいてい、必要とされる知識や習慣や能力にははるかに及ばない。この議論は、内閣の末期にも全面的に当てはまる。とはいえ、その局面では、イギリス国王に特徴的な二つの大権、新貴族を創設する権限と庶民院解散権の行使が可能になる。これらの権限が正しく行使されているのか間違って行使されているのかについては、貴族院と庶民院がどのような議院なのかをきちんと理解するまでは、正しく評価できない。

尊厳的な機能における貴族院——むしろ貴族とした方がよいだろう——の効用は、きわめて大きい。国王ほど崇敬の念をかき立てることはないが、それでも貴族が放っている魅力は相当なものである。貴族という地位の任務とは、庶民の弱々しい想像力に、貴族でなくては与えることのできない何かをもたらすことである。それは必ずしも真実に反するようなものではないし、ましてや有害なものであるわけでもない。大多数の人々の想像力は信じられないほど弱いものである。目に見える象徴がなければ何も理解できない。しかも、象徴となるものを示したところで、やはりほとんど理解できないというのがせいぜいのところである。貴族は、知性の象徴になっている。貴族にはいくつかの目印があり、それを見た多数者はいつも知性のことを思い浮かべてきた。現在でもまだ、そうなる場合が多い。田舎では、聡明な人物でも庶民出身でしかなければ、誰からも崇敬されることはない。しかし、「旧家の地主」なら、それだけで崇敬の的になる。たとえ破産した場合でも、その没落は時の流れのせいだと農民たちが考えるなら、隣に座る新興の成金よりも、何倍も尊敬を受けることになる。農民たちは、いくら筋が通っている話であっても、成金の話は聞かない。それよりも、地主のたわ言を神妙な面持ちで聞き入るのである。これが旧家の貴族となると、向けられる敬意は尋常ではない。彼の存在そのものがとてつもない効力を発揮する。つまり、粗野で愚鈍で視野の狭い群衆の知性は、こういう類いのものしか目に入らないし、評価することもできない。だからこそ、知性らしきものに対する群衆の服従心が強烈に呼びさまされるのである。

貴族層が持っている立派な効用には、崇敬心を生み出すだけではなく、これを抑制する機能もある。貴族が、富の支配、つまり金銭を拝む宗教を阻止しているのである。金銭は、アングロ・サクソン人の明白で自然な崇拝の対象である。アングロ・サクソン人はいつも金を儲けようとしていて、一切を金銭で評価する。大金の前では深く頭を垂れるが、金が少ないとせせら笑って見向きもしない。「ただ富のために富を崇拝する本能」を持っているのである。この感情は、度を越さなければ、まったく正しい。産業という競技に、精魂込めて没頭するかぎり(これが長く続くように私は願っている。もし、もっと上品な事柄に手を出すようなことになれば、今の私たちとはまったく異質な人間になってしまうにちがいないからである)、その競技の勝者たちに敬意を払い、敗北者たちを少しばかり蔑むようになるのは、当たり前のことだろう。この感情の善悪について議論しても無駄である。これは、ある程度までは意識的な抑制が効かない感情であり、これを持つか持たないかは、人間には決められない。ほどほどの範囲にとどまるなら持ってもよい、と自然が定めているのである。ところが、多くの国で富の崇拝が度を越していて、富の獲得方法が少しも問題にならなくなりつつある。新興の富にも、相続された富と変わらない敬意が払われている。巨万の富であるというただそれだけで、羨望と賛美の的になっている。イギリスでは、貴族がこの拝金主義から私たちを守っているのである。「億万長者が気の毒なことにイギリスほど冷遇される」国は他にない。このことは毎日繰り返し実証されている。金だけ、ただ単に金だけで「ロンドンの社交界」を我が物にできないことが、日々明らかにされている。金銭は、これとは別の力を持った優越的な勢力によって押さえつけられ、いわば縮こまっているのである。

しかし、次のように言われそうである。そんなことが何の得になるのか、金だろうが地位だろうが崇拝は崇拝、どちらがよいということはない、と。この意見を認めるにしても、それでもやはり、崇拝の対象が二つあることは、社会にとってはきわめて有益である。偶像崇拝の勝負では、より中身のある信仰の方が勝つ見込みが高いからである。しかし、地位に対する崇敬、少なくとも世襲の地位に対する崇敬も、金銭に対する崇敬に劣らず卑しいものだとする考えは正しくない。歴史が示しているように、礼儀作法は特定の身分の中で半ば世襲されてきたものであって、優れた技芸の一つをなしている。それは社会の品格を表すものなのである。たとえば文学表現上の技法が、ときおり普段の書き言葉にも現れるように、礼儀作法は、人々の日常会話のやりとりの中に現れるものなのである。富に対する崇敬は、人そのものを崇敬するのではなく、人の付属物を崇敬することでしかない。他方、世襲貴族に対する崇敬は、そこに何かしら偉大な能力の保持を感じた結果である。貴族だからこそ示せる能力に向けられた崇敬なのである。中流階級の人々にも、日常の中で無意識に優雅に振る舞える人がいるかもしれない。上品な作法の身についた人間は、どこにでも出てくるものである。しかし、貴族なら、そうあってしかるべきである。礼儀作法に多少でも欠ける貴族がいるとすれば、その人間には生まれつき神経の不具合があるにちがいない。ひとりずつ見ていけば、ときには無作法者もいないわけではない。しかし、礼儀作法は、貴族という生き物に体質的にそなわっているものである。

第三の偶像崇拝に、官職の崇拝がある。偶像崇拝の中でも最悪のものであるが、これもまた地位の崇拝によって防止されている。下級の役人でさえ、最下層ではあるものの神様扱いされる。しかも現在、どの文明国でも、これがきわめて一般的な現象になっている。フランスやその他大陸の一等国では、迷信があるかのように役人の支配が横行している。下級役人の給料は商売人の収入より少ないことや、仕事内容が商売より退屈なこと、知性を大して働かせる場面もなく、生活も面白みに欠けること、これらについて明らかにしてみせたところで、誰も聞く耳を持たない。今でもやはり、官職に就く方が、より偉くて立派だと考えられるのである。彼らは受勲者であって、コートの左胸に小さな記章を付けている。どう議論したところで、これにはかなわない。〔／〕

他方イギリスでは、社会の奇妙な歩みの結果、理論家が望んできたことが、偶然にも現実のものになっている。つまり、事務官でも政務官でも、知性が不可欠な高官には社会的な威信がある。ただし、それはほぼ彼らだけにかぎられている。年収二〇〇〇ポンドの事務次官は、五〇〇〇ポンドの金融会社の取締役よりもずっと有力である。国民がこの違いを支持している。しかし、大蔵省のような、かつては貴族出身者であふれかえっていて、貴族の古くさい臭気が鼻をついていた省庁の役職をのぞくと、下級の官位に社会的な威信はない。大きな店を持っている小売り雑貨商は、物品税収税吏(1)を見下げている。そして、収税吏の方は、雑貨商をうらやましく思っている。こういうことは、他の多くの国では考えられないことだろう。末端の公務員に国民が威厳を感じない国では、現物の富が物を言うのである。一介の役人は、「取るに足らない人物」にすぎない。そうした役人をひとかどの人物と見なすべき理由について、一般のイギリス人に理解させ次第である。政権党が自らの愚かさのために、無能な人物を指導者に選ぶことになれば、権力の座から去ることになるだろう。党の判断に、党の命運がかかっているのである。一八五九年に、ウィッグ党がラッセル伯とパーマストン卿を退けて、無能な小人物を党首に選んでいたなら、シュレスヴィヒ－ホルシュタイン問題でおそらく政権を失っていただろう。[11] 国民はウィッグ政権を見かぎり、議会もまたそうしただろう。戦争か平和かという運命の岐路を決定する秘密交渉を、無能だと評価されて、その凡庸さのために出世し、友人からも尊敬されないような人物の手に委ねて平気な者など、国民にも議会にもいなかっただろう。〔／〕

議院内閣制はまた、公然の場で運営される。その生命は討論である。大統領は無能な人物かもしれない。ただし、在任中に優れた長官たちを周囲に置けば、自分の無能ぶりをさらけ出すことなく、賢者か愚者かをめぐる論争をうやむやにしておける可能性も残る。しかし、首相は、ありのままの姿を見せなければならない。首相は庶民院の討論に対応しなければならない。庶民院の通常業務を処理するために議会を指導できなければならないし、緊急事態には常に自らの発言に議員たちの耳を傾けさせて、興奮状態になれば、それを鎮めることができなければならない。首相は、最前列で身を切るような厳ることは不可能である。

しかし、上流社会を政治的に利用することによって、これを半ば堕落させてしまったということも認めないわけにはいかない。イギリス人の中でも「最上層」に属する人々の知性はたいていてい、品のある愚鈍といった状態にとどまっている。彼らは威厳を保ち続けていて、彼らに従う人々もいる。彼らを頼りにしている人たちに対しては、親身になって慈悲深い。ところが、彼らには知性を働かせる動機がない。上流社会の魅力がそこにかかっているということを、まったく理解していない。彼らは賢明さを何か滑稽なことだと考えていて、賢明な人物だと思われないようにと、いつも余計な心配をしている。こういう片意地を張ってもったいぶる態度が大きな影響を及ぼして、一つの気風を作り出している。イギリス人の中にも、少数ではあるものの社交の場で華麗に振る舞える者もいるが、そうした彼らもたいていは、その才能を隠すのである。彼らがそれを見せるのは、信頼でき、その微妙な意味合いの違いがわかっていると思われる人々の前だけである。しかし、優れた統治が行われるためには、この上流社会の愚鈍さが大いに役に立つ。いちばん賢明な階級ではなくいちばん古い階級に優位を与えるのであれば、イギリスの上流階級が威厳を持った鈍感さの階級であったとしても、それは仕方のないことである。これがどのように役立つのかについては、これまで見てきた通りである。

周知のように、貴族層の社会的威信は、この一〇〇年で、いや、この五〇年ばかりで著しく低下した。二つの大きな潮流、現代社会がもたらしたもっとも巨大な二つの動きが、貴族層に不利に働いたのである。産業社会の富が無数の形で勃興して、全体として貴族以上に知力に富んだ競争者として立ち現れた。もし、彼らが不作法ではなく精神的に狭量でなかったなら、貴族の上に立つことになっていただろう。企業や鉄道、社債、株式が毎日増殖して貴族の周囲を取り囲んでいきつつある。やがてそれらが、彼らを覆い隠してしまうだろう。この下草は、実際に地表に芽吹きはじめていて、貴族層はその下に埋まりつつある。かつて貴族たちの立場を優位にしていた様々な手段も、失われてきた。貴族の威力は、演劇風に姿を現すことにおいて、つまり、その偉容を示すところで発揮される。しかし、上流社会は、威風堂々とした姿を日々失いつつある。イギリスの偉大な風刺家がその様子を次のように描いている。「先代のセント・デイヴィッド公は、北の通りを何台もの馬車で埋め尽くした。夫人たちや召使いたちが彼の前に出てお辞儀をしたものである。当代の公爵はどうか。煙草を燻(くゆ)らせながら停車場から降りてきて、一頭立ての箱馬車に逃げ隠れでもするかのように乗り込んでいるではないか」。貴族層は、昔のような生活を送りたくても、もはやそれはできない。彼らは、自分たち以上に強い力に支配されているのである。現代の社会ならどこでも生じている傾向、つまり平均値を上げて、頂点を相対的に、いやおそらくは絶対的に押し下げる傾向を前にして、彼らは苦境に立たされている。絵画のように美しい情景や特別な場面が社会の中で減少していくにつれ、貴族層は、独特の権威を発揮する唯一の武器を失っていっている。

以前は貴族だということそれ自体に深い崇敬が向けられていたことを思い起こすと、貴族院が一つの議院として常に劣位に置かれてきたことに驚くだろう。貴族院は現在とまったく同じように、常に第一院ではなく第二院だったのである。もちろん、中世の話をしているのではない。イギリス国制の胎児期あるいは幼少期について論じているのではなくて、その成年期だけを対象にしているのである。サー・ロバート・ウォルポールの時代を取り上げよう。彼は庶民院を取り仕切ることで首相の座を保った。その地位を追い出されたのは、選挙結果に対する異議申し立て請願をめぐり行われた庶民院の採決で敗北したからである(2)。彼は、庶民院の支配者であったがために、イギリスを支配していたのである。ただし当時、イギリスの統治権力を握っていたのは貴族だった(3)。多くの地域では、貴族の命令が法だった。「邪悪なローザー卿」という呼び名は、ウェストモーランド[4]の人々に今でも恐怖を呼び起こしている。都市選挙区も州選挙区[5]も、その選出議員の大半は、貴族によって指名されていたので、彼らは黙々と貴族に敬意を払い従っていた。つまり貴族は、個人としてはもっとも強力な人々だったが、彼らを集めた団体としての貴族院は単なる第二院でしかなかった、ということになるわけである。

この特異な状況にはいくつかの要因が影響しているが、主な要因は自然なものである。貴族院は、いちばん優秀な貴族が要職に就けるような議院であったためしがない。貴族院では、そもそもそれが不可能である。熟議を行うべき議院で抜群の力量を発揮するために必要な資質は、世襲されるものではない。それは所領の規模とは関係ない。デヴォンシャー公[6]やベッドフォード公[7]のようなレベルの貴族は、国全体、地方全体、彼らの所領のすべてにおいて、サーロー卿[8]よりもずっと大きな権勢を誇っていた。こうした貴族たちは、広大な所領、いくつもの都市選挙区を所有し、無数の召使いや従者を抱えていて、その屋敷はさながら宮廷のようだった。サーロー卿の方はと言えば、都市選挙区も持っていないし、召使いもいなかった。生活は俸給頼りだった。貴族院の外では、両公爵のような貴族たちが最大の権勢を誇っていた。いや、無限の権勢だったと言ってよい。ところが貴族院が開会となるとすぐ、サーロー卿が最大の権勢を示すことになった。彼には演説ができたが、他の貴族たちにはそれができなかった。また、彼には三〇分で処理できた政務を、他の者たちは一日か、それ以上かけてもまったく処理できなかった。彼の指導をよしとしない愚かな貴族の中には、彼の生まれをあざ笑う者もいたが、そういうとき彼は次の言葉で切り返した。生まれ、つまり「偶然の中の偶然」で得る地位よりも、努力で勝ち取った地位の方がずっとよいものだ、と。〔／〕

しかし、こうした貴族院は、大貴族たちにとって心地のよい議会ではありえない。彼らは自分たちの議院(しかも、いつの時代にも議席を得てきた)で、昨日までは単なる法律家だった人物の後塵を拝することなど望みはしない。この人物については、紹介のための書面など見なくても誰もが知っている。「雇われて」弁舌をふるい、「六シリング八ペンス(9)のために必死にやってきた」人物だからである。つまり、大貴族たちは、貴族院にいることで栄光をつかむのではなく、むしろこれを失ってきたのである。この難題を克服するために、彼らは二つの方策を考案した。一つは代理投票制である。これによって、議会に出ることなく、神様扱いしてもらえる地元のお屋敷やロンドンの邸宅にいながらにして投票できるようになった。口汚い非難を浴びることも、また嘲笑に苛立つこともなくなったというわけである。さらにいっそう効果的な二つ目の方策として、彼らは貴族院ではなく庶民院で自らの影響力を活用するようになった。彼ら地方有力者は、州選挙区選出議員二名のうちの一名と、都市選挙区選出議員の二名全員を議会に送り出した。場合によっては閣僚に議席を与えることも、ときとして野党の指導者に議席を用意することもあったはずである。このように直接的な方法を用いないで、貴族院の議席で大法官のおしゃべりを聞くよりずっと大きな権勢を手に入れた。貴族たちが最高の実力を持っている場合でも、貴族院は、二番手の実力しか持てなかった。大貴族たちは最大の社会的勢力ではあったが、貴族院のことを気にかけず、また好きでもなかったからである。むしろ、彼らは貴族院と張り合っている議院の方で、隠然とした、しかし強力な影響力を使って、自分たちの政治権力の大半を得ていたのである。

威厳の側面から貴族院を観察することはこれで終わりにして、次に純粋な実用性の観点から見ていくと、イギリス国制に関する文献上の理論が全面的に間違っていることに気づく。この理論では、貴族院は王国の一つの階級であり、庶民院と同等の地位を占めていると言われている。つまり、庶民院が民衆の代表部門であるのと同じく、貴族院は貴族の代表部門であり、イギリス国制の原理によって、貴族部門と民衆部門とが、同等の権限を持っている、と言われているのである。しかしこの学説は、完全に間違っている。イギリス国制ならではの特性とその主要な美点は、貴族院が、下院と同等ではないものの、それでも一定の権限を持つところにある。

別個の性質を持った二つの議院に同等の権限を与えた場合、次のような問題が生じるのは明らかである。どちらの議院にもすべての立法を停止する権限があるが、場合によってはどうしても立法しておく必要のある法案もある。ちょうど今、この点に関して考え得る例の中で最適なものが目の前にある。ヴィクトリア植民地[(10)]の憲法では、上院は裕福な牧羊業者を代表しているが、下院と意見が合わず、議事の大半が滞っている。かなり思い切った策を講じなければ、このままでは統治機構が停止してしまうだろう。ほとんどの国の憲法は、これと同じ問題を抱えてきた。世界に冠たる二つの共和国も例外ではない。アメリカとスイスの憲法はどちらも、上院に、第二院が持つことができる最大の権限を与えている。両国とも上院が望むなら、最大限の障害、つまり膠着状態を生み出すことができるのである。上院がこうした手に打って出ないのならば、それは憲法の法文が優れているからではなく、議員たちの思慮深さのおかげである。〔〆〕

どちらの国の憲法も、独特の原則を用いて、この危険な分立を防止している。今ここで深入りするつもりはないが、次のような原則である。つまり、連邦政府には、連邦を構成する各州が完全な平等を保つために、拒否権を持った何らかの制度や権限、機関が必須だと説明されている。この原則は、私には自明だとは思えない。そういうものだと言われてはいても、証明されているわけではない。デラウェア州は、実力あるいは影響力において、ニューヨーク州と同等ではない。(11) 両州に対して上院における同等の拒否権を与えても、平等になるわけではない。事実、こうした制度は、ごく自然な流れで生まれるものである。小さな州は、連邦憲法によって自らの独立を喪失するが、その憲法に昔日の独立の証しや印が刻まれることを望むはずだし、またそれが当然である。しかし、自然に生まれた制度であることと、それが役に立つ制度かどうかということは、別問題である。実際、連邦政府が、終局的であり対等の権限を持った上院の設立を押し進めるなら、この種の政府にはそれ固有の欠陥がいくつもあるのに、これに加えて、新たな欠陥をもう一つ付け加えることになる。この欠陥が生じるのは、仕方のないことかもしれない。しかし、それが以上のような問題を持った欠陥だということに変わりはない。

どんな国制にも、利用できる権威がどこかに存在していなければならない。主権は、利用しやすいものでなくてはならない。イギリス国制の場合には、主権をそのように作り上げてきた。一八三二年の選挙法改正のとき、貴族院は庶民院に同調することに消極的だった。これはちょうどヴィクトリア植民地の上院と下院の関係に似ていた。しかし、イギリスの上院は、実際には同調したのである。君主には新貴族を創設する権限があって、当時の国王[12]は、内閣に新貴族の創設を約束していた。貴族院は、これが先例となることを嫌って、選挙法改正法案の通過を認めることになった[13]。権限が実際に行使されたわけではないが、権限の存在自体が、実際の行使と同様の効果を発揮したのである。ちょうど、被用者たちが、ストライキを起こすことも**できる**ということを雇用者に知らせることによって、雇用者から譲歩を引き出すように、国王の思惑や国民の意志次第で窮地に陥ることもあると貴族院に思い知らせることによって、国民への譲歩を引き出すのである。

選挙法改正後、イギリスにおける貴族院の役割は一変した。それ以前は、指導的な議院ではなかったが、少なくとも指導者たちが所属する議院ではあった。指導的な貴族たちは、貴族院の議員として、庶民院で絶大な影響力を発揮して両院の動きを左右していた。庶民院における彼らの影響力が非常に強かったので、両院のあいだに深刻な亀裂は決して生じなかった。両院のあいだで争いが起きる場合、その争いは、かの有名なエールズベリー事件[14]に見られたように、国政をめぐるものではなく、貴族たちの特権をめぐるものだった。その頃の貴族の影響力は非常に強かったので、これをあからさまに発揮する必要はなかった。この点では、当時のイギリス国制は現在の国制とはまったく違っていた。しかし、当時でさえ、ヴィクトリア植民地やスイスの憲法のような欠陥を抱えていなかった。イギリス国制を構成する二つの議院は、別々の起源に発するものではなく、同じ起源を持っていた。それぞれを同じ集団が支配していたのである。両者の不和の危険性は、この隠れた同一性によって防止されていた。

選挙法改正以降、貴族院は、修正や延期を行う議会になった。法案の内容を変更したり、庶民院がそれほど熱心に取り組んでいない法案、つまり国民の意見が固まっていない法案を拒否したりすることはできる。その拒否権は、一種の暫定的な拒否権である。彼らの主張は次のようになる。「この法案については、一度か二度、場合によっては三度拒否することになる。しかし、それでも法案を送りつけてくるなら、最終的に拒否はしない」。このように貴族院は、すでに陰の指導者たちの議院ではなく、一時的な拒否と簡単な修正を行う議院になったのである。

この変化を主導したのがウェリントン公[15]だった。これだけでも彼は、政治家としての名声を得るに値する。彼は、貴族院議員たちを本来あるべき立場に導くことを望んで、それを実行した。一八四六年、穀物法廃止論争(16)の危機のとき、貴族院には、廃止に抵抗すべきか、それとも従うべきかという問題が突きつけられた。これについて、ウェリントン公は、ダービー卿にきわめて興味深い書簡を送っている。

長年のあいだ、正確に言うと、首相の職を辞した一八三〇年以来、私は貴族院を一つの原則に基づいて運営することに尽力してきました。貴族院という制度は、我が国の国制、つまり保守の原理に基づく国制に根ざしたものであると、その原則から考えてきました。私は一貫して、乱暴で過激なやり方には、どんなものでも反対してきました。そうしたやり方では、我が国の政党、特に野党における影響力を絶対に得ることができないからです。また、私は重要案件については、一貫して、政府を支援するよう議会で働きかけ、両院のあいだで意見の食い違いや分裂のような不和が生じないよう、常に私の個人的な影響力を使ってきました。際立った例をいくつかお示ししましょう。少しばかりですが、これをお話しすれば、私の議会運営の本質と、私が正面から批判されずに特別に大きな力を行使してきた理由について、おそらくある程度はご理解いただけると思うのです。

先の国王ウィリアム四世陛下は、貴族の創設を約束され、その数がどれほどになるかははっきりしていませんでしたが、窮地に陥りました。これを見て私は、新たな政府の組閣交渉が失敗に終わると、意を決して、かなりの数の議員を説得し選挙法改正の最終盤で議会を欠席するように求めました。この方針に当時の党は大いに不満でした。それでも私は、貴族院を維持し我が国の国制を保つためには、当時においてはこの方法が必要だったと信じております(17)。

その後、一八三五年から一八四一年の期間を通じて、私は貴族院を説得して、彼らを苛立たせ、悩ませながらも、アイルランド十分の一税やアイルランド自治問題(18)その他、私も含めた貴族院議員がそれまで支持してきたいくつもの原則や方針を捨てさせることができたのです。しかし、とりわけ印象深いのは、上カナダ州と下カナダ州の合併問題(19)です。初期段階では、私はこの政策に対する反対を表明して、これに抵抗しました。ただし、最終段階では、賛成に回るように貴族院を説得して、法案を通過させました。このような重大問題に関して両院間で激論になれば国益を損なうことになるため、対立は回避すべきだと考えたからです。これ以降、私は政府の方針を支持して、中国問題では、当時の政府高官のエリオット大佐(20)を擁護しました。このやり方を一貫して進めたことで、党内の一部の議員に対する私の影響力は弱まっていきましたが、おそらく大多数の議員たちは、私の方針に賛同していたものと思われます。同時に、周知のように、メルバーン卿政権[21]の発足当初から、国内外の軍事問題のすべてにわたって、絶えず同政権と連絡を取り続けました。それだけでなく、その他の多くの問題についても同様です。

この方針を通すことで、保守党内における私の立場は弱まっていきましたが、一方で陛下は、心から安心して満足されるようになりました。また、これは、よき秩序の維持に貢献する方針でもありました。とうとう昨年一二月、サー・ロバート・ピール内閣[22]が総辞職となって、女王陛下はジョン・ラッセル卿の組閣[23]を希望されました。一二月一二日、私は陛下から書簡を賜りました。その写しと同日付の私の返信の写しを同封しておきます。サー・ロバート・ピールには、同じ写しをすぐに送りましたが、貴殿ははじめてご覧になることと存じます。私としましては、陛下にお伝えした書簡にしたためたように行動するより他に道はありませんでした。私は国王の従僕であり、かつ、国民の従僕なのです。私は歳費その他の報酬を十分にいただいてまいりました。現在の私があるのは、そのおかげであると思っております。

それゆえ、恥ずかしくないお勤めができるかぎりは、つまり、健康と体力が許すかぎりは、陛下の仰せのままにお仕えする以外にありません。しかし、党と私との人的な関係や見解のやりとりについては、これですべて終わりであり、またそうあるべきだ、ということは明らかなことです。一二月二〇日の夜、サー・ロバート・ピール内閣への入閣を私が辞退すべきであった、と考える向きがあることはよくわかります。私もその方が筋が通ると考えてまいりました。しかし、この考えを貫いて辞退していたなら、サー・ロバート・ピール政権は誕生せず、翌日には某氏と某氏とが組閣する、ということになったでしょう。

しかし、いずれにしましても、このような取り決めがなされた上は、そして、早晩そうならざるをえなかったわけですが、保守党に対する私の影響力のすべてが失われるのは、きわめて明白なことでした。そのとき少しでもその力を残しておこうと望んでいたなら、それは本当に愚かな望みだったと言うより他はありません。それゆえ、おわかりになることと存じますが、貴殿のお役目に妨げになるものはなく、それを果たすべく行動に移された後に、私と意見を違える結果になりましても、ご懸念は無用かと存じます。実際、一二月一二日付の女王陛下宛の書簡で、我が党が政権に反対した場合には、私は党との関係を絶つと申し上げました。

私は、貴殿がしかるべき地位に就いて、私が長いあいだ貴族院に及ぼしてきたものと同じ影響力を行使なさることが何よりも大切な目標であると考えます。問題は、これをどのように実現するかでございます。貴族院議員たちの意見や決定をうまく導くか、あるいはそれに追随するか。貴殿にもいずれご理解いただけるものと存じますが、私は貴族院の指導に尽力し、またいくつかの重大局面では成功を収めてまいりました。しかし、その運営には相当の苦心が必要でした。

現在、貴族院は重要局面にあって重大な問題に直面しております。どうか、見解の相違にこだわって危うくも両院間に論争を招いて、我が国が余計な困難を抱え込むことにならぬよう、貴族院の指導にご尽力されますことを願います。この問題に関しましては、貴族たちの決定が個人的利害に左右されるに違いないとしきりに言われてまいりました。この議論は、個々の貴族に影響を与えるという意味では間違いですが、土地所有者一般に与える影響につきましては否定できるものではありません。問題の難しさを十分承知してはおりますが、法案の通過に関して絶望しているわけではございません。貴殿は、しかるべき方針を、そして貴族院の信頼も最大限確保できそうな方針を採るべく、最善の判断をされる方です。私としましては、秩序の安定に多く寄与し、目の前の国益にもっとも資する投票を行うよう、貴殿が貴族院に働きかけるべきではないかと思念しております。(24)

このようにして、貴族院は現在の姿に、つまり(たいていの場合)決定を引き延ばす拒否権と(たいていの場合)修正権を持ってはいるものの、他の権限は一切持たない議院になった。では、「貴族院がそういう議会なら、いったい何の役に立っているのか」。次に答えるべき問題は、これである。

貴族院はすぐにも起こりかねない革命に備える防塁となっている、という考えが一般に広まっているが、これは明らかな誤解である。ウェリントン公による書簡の一行一行から読み取れるように、貴族院の中のもっとも賢明な指導的議員たちは、国民の決意が固い場合には貴族院が折れなければならないことを承知している。貴族院議員の大多数は、選挙法改正問題と穀物法廃止問題の二つは、これを決定づける事例だった。選挙法改正は革命であり、自由貿易は財産没収に他ならず、この二つを合わせれば破滅だ、と考えた。仮に貴族たちが国民に抵抗してうまくいくと思えたなら、貴族院はそうした手に打って出ただろう。ところが現実的に考えて、民衆の支持に基盤を持っている議院、つまり国民の議院がいきり立ち、国民全体もまたいきり立っているときに、名家の議院である第二院がこれに抵抗するのを期待することほど愚かなことはない。そういう目的を達成する実力は、貴族院にはない。いわば、一階級を代表する議院、少数派の議院はすべて、国民が熱狂している場合には、孤立無援を感じるものである。革命の時点では、二つの力、つまり武力と民衆の力だけしかない。武力を動かすのは、行政府である。これは、ナポレオン一世がパリの民衆に与えた教訓であり、ブリュメール一八日のクーデタ(25)の時点で、彼が革命理論の発展に対してもたらした貢献である。この教訓は、今ではよく知られるところとなっている。軍隊の頂点に立つ強力な軍人であれば軍隊を活用できるが、第二院にそんなことはできない。第二院は、臆病な貴族や年老いた法律家、あるいは外国に見られるようなこざかしい文人たちなど腰の引けた平和愛好者の集団である。こんな集団に、国民をねじ伏せるような実力はない。国民がこれを行えと命じるなら、それに従うしかない。

さらに、すでに見たように、イギリス国制の中で貴族院が持っている性質そのものからして、貴族院が革命を阻止できないことは明らかである。イギリス国制には、貴族院による革命の制止を不可能にしている異例のしくみが組み込まれている。民衆の支持に基づく議院〔庶民院〕と国民とが任命した行政府は、新貴族創設の権限を持っていて、これで貴族院の多数派をつくり出せるのである。行政府は貴族院に次のように言える。「あなた方には、私たちの企図に沿って貴族院の権限を行使していただきたい。さもないと、あなた方は何もできないことになる。私たちが望む通りに動く貴族たちを見いだすことになるだろう。私たちの希望通りに権限を使わずに、私たちの意に背く動きに出るなら、あなた方の優れた力量も使いどころがなくなるだろう」。こうした脅迫にさらされている議院が、決然と迫ってくる行政府を抑えられるわけがない。そもそも、貴族院はそういう目的で作られた議院でもない。

事実、貴族院という議院は、革命を排除する防塁ではなく、革命が起こりそうもないことを示す指標なのである。貴族院は旧来からの恭順に基づく服従と習慣的な敬意とに依拠しているのであり、貴族院の存在が、新興勢力が突如として立ち上がって新たな主役が反乱を起こすような事態、つまり革命がしばらくのあいだは起こりそうもないということを示している。一一月の木々に散りかけの紅葉がまだまだ残っているのを見れば、霜はまだで木枯らしも吹いていないことがわかる。同じように、貴族院にそれなりの権力が残っているかぎり、国内には暴発寸前の不満が鬱積していないということ、そして大暴動を起こそうとする無法者もいそうにないことがわかるのである。

かつては、自由な統治には、修正する議院と提案する議院とから成る二院制が不可欠だという奇妙な説が流布していた。この議論に対して、はじめて強力な一石を投じて効果的な一撃を加えたのは、民主的な勢力には少しも好意的でなく、むしろ貴族階級の価値を愛してやまない人物だった。現在のグレイ卿(26)である。彼は、実行上の観点から、この問題を考えなければならなかった。彼は、イギリスにおける最初の偉大な植民相であり、代議制を運営できそうな植民地のすべてにその導入を試みた。ところがここで難問に直面することになる。各植民地には、一院制をこなせるだけの能力をそなえた人々が十分にはいなかった。ましてや二院制となると、そうした人は全然足りなかった。この経験から、第二院は有害だ、という結論にたまたま行き着いたのである。それは、起こるべくして起こった偶然と言えるかもしれない。〔／〕

第二院は、次の二つの方法のいずれかで選ばれることになった。まずは王権による指名であり、植民地の場合には、高い教育を受けた教養ある人々と関係の深い者から選ばれた。あるいは、厳しい財産資格を有する現地の人々——中にはとりわけ適切な判断のできる人々がいた——によって選出される場合もあった。どちらの場合も、任命者たちは、植民地でいちばん優秀な人々を選んで、第二院の議員にした。ところがその結果、民衆を代表する下院は、彼ら以外の残りものから選ばれることになった。こうして、民選議院の先頭に立って、これを最善の方法で導くことのできる案内人や指導者を〔上院に〕奪われてしまったのである。優秀な人々が上院に回されて、そこでたがいに議論を交わすことになった。おそらく、論争したこともあっただろう。それぞれ能力は高くても、相殺し合って無力化している状態の典型的な例である。彼らは役に立つことを望んだが、何もできなかった。他方、下院は、植民地でいちばん優秀な人々が引き抜かれてしまった後で、好き勝手に振る舞うことになった。つまり、民主政治のいちばん強力な対抗勢力を一ヵ所〔上院〕に閉じ込めてその力を弱めてしまうことで、民主政治は、弱体化するどころか、むしろいっそう強力になってしまったのである。経験からこの事実が明らかになると、あるいはそうなると思えてきたとたんに、優れた自由な統治には二院制が不可欠だとする学説は、すぐに消え去ってしまった。

完璧な下院があれば、上院にほとんど価値がないのはたしかである。理想的な庶民院が存在すると仮定してみよう。国民を完璧に代表していて、いつも穏健で決して感情的にならず、時間に余裕のある議員がたくさんいて、適切な検討のために必要となる、時間をかけた着実な手続きを省かないような庶民院である。こういうものが存在するなら、間違いなく上院は不要である。こういう庶民院はしっかりと仕事をしてくれるから、誰かに監視や再検討をさせなくてもよいだろう。統治機構の中で不要なものは、どんなものも有害である。人間社会はきわめて複雑なものにならざるをえないのだから、人の手で新しいものを付け加えると必ず害をなす。機器内部のどこに不要な部品があって多くの大切な歯車の動きを邪魔して止めてしまっているのか、誰にもわからなくなるのである。しかし、精巧で繊細な機器の故障を引き起こしている部品がどこかにあることは、確実なのである。理想的な庶民院に貴族院を並置することは不要だろうし、だとすれば有害でもあるだろう。しかし、現実の庶民院を見ると、再検討を行ってくれる時間的に余裕のある議院は、絶対に必要とまでは言わないにしても、きわめて有益である。

現在の庶民院では、些細な問題をめぐって一時的な多数派が形成されることがあるが、これをうまく統制する手段がない。国民は、政策の問題や国家的問題の中の主要なもの以外に目を向けることは決してない。これらの主要な問題に対しては、国民は、雑駁(ざっぱく)で粗末ではあるが支配的な意見、いわゆる世論を形成する。ところが、それ以外の問題については、彼らは何も考えない。考えたところで、有意義な意見が出てくるわけでもない。国民には判断材料がない。法案の詳細、政策実現の具体的な手段、立法化の見えない部分といったものは、すべて国民の視野の外にある。国民にはこれらに関する知識がない。またこれらの判断材料を理解する場合には慎重な考察が欠かせないが、国民はそのための時間を見つけたり、労力を割いたりできない。そのため、庶民院でそのときどきに成立する多数派が、圧倒的な権力を握ることになる。この多数派は、意のままに立法を行うことができる。庶民院は全体として、重大な政治問題についてきわめて公平に世論を代表していて、小さな問題についても、議会が持っている目に見えない巧みなしくみによって、驚くほどまっとうで適切な判断を下している。とはいえ、この種の合議体ならどんなものにも起こりうるように、突然徒党を組んで、利己的な行動に出る危険に陥りやすい。現在の議会には、二〇〇名もの「鉄道族」がいると言われている。(27) 世論は、自分の財布に直結する問題には注意を向けるが、そうでない場合は気にもかけない。この二〇〇名が、世論が気にかけない問題をめぐって団結するなら、絶対的な勢力になる。恐ろしいほど邪悪な勢力が、何かをきっかけにして、優越する議会〔庶民院〕の支配権を一時的に完全に掌握する可能性が、常に存在しているのである。だから、第一院と正反対の性質をそなえていて、第一院と同じ邪悪な勢力が支配しないように構成された第二院を持つことは、やはり非常に有益なのである。

あらゆる邪悪な勢力の中でもいちばん危険な勢力は、行政府のそれである。いちばん強力だからである。あまり重要でない政策に関しては、国民は、その実施を望んでいない場合でも、実施を禁じるほどには理解していない。この場合、内閣は、庶民院で大きな支持を得ているので、それを国民に押しつけることも十分可能である。これはすでに実際に起こったことであり、今後も起こるおそれがある。そのため、修正のための法廷を見いだして、強力な行政府でもそこでは大きな力を発揮できないようにすることが可能なら、統治全体の質が向上することになるだろう。法案の成立を遅らせる機能しか持たない議院でも、小さな問題にかぎれば議会の専制を食い止められるだろう。もちろん、革命を阻止したり押しとどめたりできるわけではないが。

また、大きな合議体は、どれも内部が常に揺れ動いている。一つの議院ではなく、いわばいくつかの議院の寄せ集めのようなものである。今晩の参加者と明くる晩の参加者とでは、その顔ぶれがまったく異なる。議会を維持することは行政府の職責だと考えられていて、そうした職責は実際に果たされてもいる。これによって、議院のある程度の統一性が保たれているのはたしかである。そのようにして、あらゆる種類の変動的要素が離合集散しつつも、それが収束する恒常的な要素がそなわっているわけである。ところが、こうした制御の仕掛けの重要性が十分に認められるとしても、同種の議院であればどれにも見られるように、庶民院は突発的な感情の激変や暴発に陥りやすい。なぜなら、議会を構成する議員たちが刻々と変化するからである。こうした有害な結果は、イギリスの立法においてずっと続いている。議会制定法の多くは、それぞれ雑多な動機が集まって成立したものである。法律のある部分を通過させた議会多数派と別の部分を通した多数派は、まったく別だからである(28)。

しかし、庶民院の最大の欠点は、時間の余裕がないということである。庶民院議員の生活は、あらゆる生活の中でも最悪のものである。日常業務で注意散漫になる生活なのである。庶民院には、この種のどんな議院も経験したことがないほどの膨大な量の業務がもたらされる。イギリス帝国は、雑多な要素の集合体であって、それぞれの要素が庶民院に細かな業務を持ち込んでくる。今日はインド問題、明くる日はジャマイカ問題(29)、その次はまたもや中国の問題、後にはシュレスヴィヒ－ホルシュタイン問題が続く、といった具合である。イギリスで立法を行う場合には、あらゆる問題を扱わなければならない。この国は、あらゆる要素を抱えた国だからである。大臣が日々受ける質問だけでも、人間の世界に関わる事象の半分にわたる幅広い内容を含んでいる。私法律案(30)、つまり政府による単なる特許事項——これらは大して重要な業務ではない——だけでも、公的なもの、私的なものを問わず、これまで存在した他のどの議会とも比較にならないほど膨大な業務量である。どこもかしこも、次から次へと業務に追われていて、精神を集中させることは困難である。

この件については今後改善がなされるかもしれないが、それはさておき、現在のところ庶民院は、立法をめぐる作業のすべて、その細部に関する業務のすべて、その条項のすべてにたずさわっている。その結果、全院委員会(31)は、法案の全条項の作成を議会全体から押しつけられて、各委員会の中でもっとも無残な姿をさらす委員会の一つになっている。そこでは、創意工夫も徒労に終わることがわかっていて、知性が無駄に浪費される。ところが敵方は、廃案をめざして熱心に攻撃を仕掛けようとする。味方の方でも、様々に修正の提案をもちかけてくる。議会制定法は、少なくとも婚姻継承財産契約(32)と同じくらい複雑である。この契約が、まだ生まれていない子どもまで含んだ関係者の票決にかけられると想定してみるとよい。議会制定法はこれと同じようなものである。どの利益にもそれを主張する人がいて、どの利益についてもそれぞれの利点が騒がしく言い立てられる。行政府は、統制のとれた力を使って、また、少数の貴重な存在である思慮深い一部の議員のおかげで、何とか結束を保っている。とはいえ、その結果は、きわめて不十分なものである。機械のよし悪しを判定するのにいちばんよい基準は、それが造り出す製品である。法律文書の知識を持った人に、まず弁護士に作らせたばかりの遺言書を読ませて、その後すぐに議会制定法を読ませるとよい。必ず次のように言うだろう。「もし立法府が国民から託された業務を行っているのと同じように、私の弁護士が遺言書を作っていたなら、私はその弁護士を解任していただろうよ」。庶民院が今の姿をとどめ続けるかぎり、修正や調整、阻止のための優れた議院を持つことには、絶大な利益があるだろう。

しかし、貴族院はそういう議院だろうか。こうした役割を果たしているだろうか。この問題については、これまで議論されたことがない。貴族院に対しては、少なくともこの三〇年のあいだ、世間一般の議論の中では、異論は出されてこなかった。民衆の感情がこの一線を越えることはなかったし、貴族院のことを問題視するところまで想像力が強くかき立てられることもなかった。

貴族院は、この種の議院ならではの最大の長所を持っている。ただし、そういう場合もありうるということである。修正のための議院を持つということは、信じられないほど難しいことなのである。なぜなら、修正という務めを立派に行える一定数の人々を見いだすことが困難だからである。第二院の中でも、各州を代表する連邦制の上院は、この長所〔優れた人の確保という長所〕を持っている。それは社会の根底にある感情を具体化する。この感情は、複雑な政治制度よりも起源が古く、世間一般の政治的意見よりもはるかに根強い土着の感情である。スイスの愛郷心の強い州権論者は「私には、上着よりもシャツの方に愛着がある」と言っていた[33]。アメリカ合衆国の各州の場合、上院を軽視することは、州自身を軽視することだと感じただろう。そのため、上院には敬意が払われた。自らの行為が利益となっても不利益となっても、上院は独自に活動できる。連邦制の上院は、現実的な影響力を持ち、独立していて、かつ有能な機関なのである。しかし、連邦制を採らない普通の政治機構では、民衆の支持を基礎にして統治を行う場合、非民衆的な機関に強い力を与えることは、この上なく難しい。

貴族院は、これらの〔連邦制の〕国の上院とほとんど同じくらいの独立を保っている。貴族院の独立が認められていなければ、強力に動くことも、またその存在を維持することもできなかっただろう。貴族院は、様々な点で庶民院よりも独立性が強い。彼らが下す判断は、それほど優れたものではないかもしれないが、それでも、彼ら独自の判断であることに違いはない。貴族院という組織体には、社会的地位の付与を通じた買収が通用しない。今日において、これは軽く扱ってよい問題ではない。庶民院議員の多くは、他の腐敗の手段には見向きもしないが、この種の危険な腐敗には、大いに魅了される。この点で、報道機関の経営者や記者たちは、議員以上に誘惑に囚われやすい。少なくとも、報道の有力者たちは、それに近づくほど、強く囚われてしまう。いわゆる「地位」を求めて、また貴族とお近づきになるためなら、ほとんどどんなことでも行い、論じてしまう者もいるくらいである。〔／〕

ところが、貴族院は、社会的地位という報酬を与える側であって、受け取る側ではない。腐敗を仕掛ける方なので、報酬で丸め込まれることはない。貴族たちには選挙区がないので、恐れたり懐柔したりする必要もない。国内のどの階級よりも、公平で冷静に判断するにはいちばんよい立場にいることになる。加えて、彼らにはそうした判断を下すための時間的余裕がある。職業と呼ぶにふさわしい職業を持たないので、それに煩わされることもない。貴族の中には、イギリス人らしい生真面目さで野外の活動(34)に打ち込む者もいるが、やはりそれは単なるお遊びにすぎない。ほとんどのイギリス人は、科学や文芸に没頭できないが、貴族たちはなおさらであって、おそらく中流階級以上に不熱心である。社交界は、かつてはそうではなかったが、あまりにも礼儀にうるさく退屈になってしまっているので、今では専念できるものではなくなった。貴族層は、中流階級、つまり食料雑貨の商店や商社の経営者に怯えながら暮らしている。フランスのかつての貴族層が作りだしたような享楽の社交界を作るほどの気概もない。政治だけが、貴族にとって職業の名に値するものになっているわけである。政治なら、他のことに気をそらされることもなく熱中できるのである。貴族院は、公平に修正する独立性と効果的に修正する地位をそなえているだけでなく、知性を働かせて修正するために必要な時間的余裕を持っているのである。

これらはとても大きな長所である。優れた第二院を持つことがどれだけ困難であるかということ、現在の第一院には第二院が大いに必要だということを考慮に入れるなら、これらの長所に感謝してもよいくらいである。しかし、長所があるからといって、他の点を見落としてはならない。これら貴族院の長所の陰には欠点も隠れていて、それが長所を台なしにすることもある。そうした隠れた欠点が貴族院の活動を阻害し弱体化しなければ、貴族院は、その富や地位や時間的な余裕を使って、外見上は、今よりもずっと強力に国民を支配するだろう。

その欠点の第一は、もはや隠れているとは言えないものである。とは言っても、よく知られているわけでもない。イギリスの政治制度について、辛辣だが好意的なある批評家が、次のように述べている。「貴族院賛美の病を治療するには、実際に行かせて見せてやるとよい」。そこでは大政党の政治家たちがそろい踏みしていたり、パレードを行っているわけではない。ただ単に、通常の業務に取り組んでいるだけである。出席している貴族院議員が一〇名のこともあれば、六名しかいない場合もある。業務処理の定足数は三名である。数名の議員がぶらぶらと入って来たり、来なかったりする。こういう人たちは、主要な弁士だったり法律家だったりする(数年前までは、リンドハースト(35)やブルーム(36)、キャンベル(37)が活躍していたが、彼らは抜群の話し手だった)。また、誰でも知っている政治家たちも何人かは出席している。しかし、貴族院議員の大多数は出席していない。庶民院で修行した雄弁家たちが貴族院で演説することを嫌がる理由は、ここにある。チャタム卿は、貴族院のことをよく「タペストリー」と呼んだ。活気に満ちた日常のワンシーンを切り取って見せてくれるものがあるとすれば、庶民院こそがそれである。大勢の議員一人ひとりは、雑多な集まりの中の一粒一粒にすぎないのだが、各自が(よきにつけ悪しきにつけ)目標を持っていて、(立派なものでも取るに足らないものでも)目的を抱いている。その一人ひとりが、彼らなりに、現実に対する、あるいは理想に対する独自の考えを持っている。熱意に満ちた雑多な人々が群れ集まっているのだが、うまく一つにまとまるという結果に落ち着いている。「庶民院の感情」、「庶民院の感覚」というものがあって、それを少しでも知っている人なら誰でも、無視するわけにはいかない。実社会の問題を鋭く見抜くある人物は、「庶民院には、一人ひとりの議員よりも優れた感覚がある」とまで言っている。しかし、貴族院にはこうした「感覚」はない。なぜなら、生命力が欠如しているからである。下院は、活気あふれる政治家たちの議院である。他方、上院は、(もっとも控えめに言っても)活気がない政治家たちの議院なのである。

ただし実のところ、この熱意の欠如には、外部から見て感じられるほどの問題があるわけではない。貴族院の各委員会は(よく知られているように)、大量の仕事をとてもうまくこなしている。こうした場合、貴族たちの熱意が失われるのはきわめて当然である。自分で議場に行かずに代理に投票させることができるほどの金持ちたちの議院が、大きな成果を上げることなど期待できない。* とはいえ、どれだけ割り引いて考えても、ほとんどの貴族たちに共通して見られる義務感の不足は、やはり貴族院の大きな欠点であり、貴族たちのあからさまな無関心は、危険な欠点だということになる。政治にかぎった話だが、チェスターフィールド卿(38)による次の格言には、深い真理がある。「世間は、実際の姿からではなく、見かけから判断するものだ」。世間は人を外から見ることはできるが、真の姿を知ることはできない。議院、とりわけ修正のための議院に、議員たちが集まりもせず、さらに、修正内容について気にしていないように見えるなら、そういう議院は、重要な政治的要素を欠いていることになる。こうした議院でも何かの役に立っているかもしれないが、そうだということを国民に納得させるのは、ほとんど不可能だろう。

＊貴族院における近年〔一八六八年〕の決議によって、現在では代理投票は廃止された——第二版の注。

しかし、これから述べる欠点の方がいっそう深刻である。この欠点の場合は、貴族院の表面上の仕事だけでなく、実質的な仕事にも悪影響が及んでいる。貴族院は、修正のための立法府としては、あまりにも同質性が高すぎる構成になっている。修正すべき誤りの種類は多いものである。しかし、あのような議員構成を持った貴族院が行える修正は、一種類の誤りだけ、つまり、性急な変革という誤りに対する修正だけである。若干名の法律家と没落貴族を除けば、貴族院議員はみな、多少の財産を有する地主である。どんな貴族院議員も、地主階級特有の意見や長所、欠点を多少は持っている。彼らは力の及ぶかぎり法律案を修正するが、この修正は、もっぱら地主階級自身の利益になるもの、この階級に支配的な感情、先祖伝来の意見に沿って行われるだけになる。〔／〕

　選挙法改正以来、この同質性の傾向はますますはっきりしてきた。貴族院は、新たな立法に対して、敵意と言うと厳しすぎる言い方になるだろうが、少なくとも疑念の目を向け続けてきたのである。そこには、彼らの精神とは相容れない精神が宿っていた。そこで、彼らは可能なかぎり、これを排除しようとしてきた。その精神とは、「現代的な(モダン)精神(スピリット)」と呼ばれてきたものである。この精神の本質を一言で表現するのは簡単ではないが、現に私たちの生活の中に息づいていて、一人ひとりの行動に命を吹き込み、私たちの思考の方向を指し示している。その意味内容は、誰でも知っているはずである。しかし、それを明確化して定義するには、論文を一篇書かなければならない。この精神に、貴族院は反対しているのである。これが絡んでくる法案となると、彼らは公平な修正者ではなくなり、偏見に満ちた修正者になる。

貴族院による批判が疑わしい批判だったとしても、それでも重要な理解を伴った批判であるなら、議員構成自体の画一性が欠陥というわけではないだろう。そうした画一性は長所ですらあるだろうし、長所となる場合もあるだろう。どの時代でも、その時代に特徴的な立法には、特有の欠点がつきものである。そういう欠点は、各時代の特色や、それに必然的に伴う欠点や限界からもたらされる。誤解に基づいて作られた部分や、見過ごすべきでないことを見過ごして作られた部分があるのは仕方のないことである。もし、補完的な役割をこなす批評家、つまり、他の同時代人には見通せない問題を見通して、同時代人が誤解してしまう問題を正しく理解できる批評家を得ることができるなら、この上ない批評家を手に入れたことになる。しかし、貴族院はこうした批評家だろうか。各時代の立法に彼らが向ける敵意に満ちた眼差しが、同時代人には見通せないような理解や同時代人の考えを正すような理解に基づいていると言えるだろうか。極端な貴族院擁護者や熱心な賛美者でも、公平で冷静に判断すれば、そうだとは言えない。〔〕

その証拠は明白すぎるほどである。たとえば、自由貿易に関して言えば、貴族院が完全に誤っていたということについて疑う者はないだろう。彼らの見解や、彼らがやりたがっていたこと、また彼ら自身の理解に基づいて行動したなら実際にはどうなっていたか。「現代的な精神」の当否を試す試金石としては、これほどうってつけの問題はない。この問題ほど、現代的な精神の正しさが確かめられるものは他にはない。貿易は戦争に似ている。結果が誰の目にも明らかなのである。イギリスは貿易で儲けているのかいないのか。これは、戦争の勝敗が一つの戦闘ではわからないのと同様、数字だけでは判断できない。現在、自由貿易のおかげでイギリスが大いに豊かになったことに疑いの余地はない。イギリスは非常に裕福になって、その富が私たちの望み通りに、より広範に行き渡っている。このように、現代的な精神の可否を判断するための決定的な事例によって、その正しさは証明された。これに疑ってかかり、できれば拒否したいと考えた上院は、間違っていたのである。

この他にも理由がある。世襲議員から構成される貴族院には、世間並み以上の能力は発揮できない。たしかにそこでは、非凡な才能を持った人物が議席を得る可能性もある。実際に、ほとんどいつも、そうした人物が議員の中にはいて、それは今後も変わらないと思われる。しかし、平均的な議員は、貴族の家系に生まれたという理由だけで立法府の一員になったのである。こういう人物が非凡であるはずがない。偶然によって、また家系が歩んだ歴史によって選ばれた御曹司たちが軒並みきわめて聡明だった、ということなどありえない。こうした議院が、同時代の他の人々以上に優れた時代感覚を持っているとすれば、まさに奇跡としか言いようがないだろう。貴族院が優れた補完的な知識を持ち、他の人々が気づかない問題を見定めて、他の人々が見抜いたと思っていても実際には勘違いしている問題の本質を見極めることができるなら、永遠の奇跡である。

次のことを考慮に入れると、貴族院の困難はますます深刻になる。貴族層は、同時代の立法を修正する、しかも適切に修正する能力を欠いているだけではない。彼らは、修正という業務の遂行者としての欠陥を抱えているのである。〔／〕

一八六五年の法令集、つまり、同年の法令全般を見てみよう。そこには、一行の文学的表現も、また上品で繊細な内容も見つけられないだろう。あるのは卑俗な物事、重苦しい日常業務の山である。[39] これらの仕事が扱っているのは、貿易や財政、議会制定法の改正やコモン・ローの改革である。様々な種類の実務が扱われているのである。いや、いつも実務ばかり、と言った方がよいだろう。[40]〔／〕

さらに言うと、教養ある人々の中でも、実務を学ぶにあたって、貴族の若者ほど不利な立場に置かれている者はいない。実務の仕事は実際には、娯楽よりも心地よいものである。思考力のすべてを、人間が持っている資質の全体を、より継続的に、より深い部分で惹きつけるのである。ところがそれは、見かけ上は、まるでそのようには見えない。最高の娯楽を味わえる御曹司に、実務の心地よさを理解させることは難しい。三万ポンドの年収を受け継いだばかりの貴族の若者が、特許法や「通行税」法、あるいは監獄法に強い関心を持つことなど普通はないことである。ヘラクレス[41]のように、有徳な人生を選ぶことはあるかもしれないが、そのヘラクレスでも、実務の世界へ進むなどありえないことだろう。若者は実務から目をそらさせる誘惑ばかりにとり囲まれていて、実務に惹かれることはない。しかも、たとえ実務に関わってみたいと思っていても、自分が持っているのは、それとは無関係なものばかりである。娯楽は手元にあっても、実務は遠く離れている。〔／〕

実務とは無縁の生まれでありながらも、この仕事にたずさわろうと考えている殊勝な若者の実務観ほど、滑稽なものはない。こういう若者は、実務がどういうものなのかが、およそわかっていない。実際にはそれは、特定の目的に対して特定の手段を精確に当てはめることなのである。しかし、経験のない若者は誰も、目的と手段とを区別することがほとんどできない。この作業は、彼の目には一種の秘儀に映る。形式こそが肝心であって目的などは二の次だ、などと考えなければ幸運なくらいである。実務家とは名ばかりで、そういうことを若者に教えたがる連中がたくさんいる。実務は一種の迷宮のように思われているのである。「どんな本を読めばよいか、何かおすすめを紹介してくださいませんか」。育ちのよい若者はこう聞いてくる。こういう若者に対して、読書は役に立たないとか、本の理解には君自身の考えが必要なのだが、君にはそれがまだないねとか、管理運営は絵画と同じように一つの技術なんだから、どちらも読書で実践を学べるものではないね、などと説明しても無駄である。

昔は貴族層のこの欠点は、彼ら固有の長所によって覆い隠されていた。彼らは、金銭的に余裕があって、教養を深めることができた唯一の階級だったので、競争する必要がなかった。抜群の能力を持った貴族は別として、基本的に、彼らが政治的業務の処理に特に秀でているわけではなかった。しかし、当時においては、得られる最善の人材ではあった。それでも、その当時においてさえ、貴族たちは無粋な仕事に押しつぶされないように逃避していた。彼らは、ピールやウォルポールのような人々を管理人に任命してこれに当たらせ、管理させていたのである。(42)こうした人々は、作法や生まれからして貴族というよりも、管理人と呼ぶにふさわしい人々だった。ところが現在、知性を鍛え上

これまで言われてきたように、アメリカ人なら誰でも、実業というものを知っている。これが、アメリカという国の空気になっているのである。これと同じように、イギリスでも実業に通じた階級が存在している。他方、貴族はこれを知ることすらできない。貴族の邸宅で実業を学ぶことは、〔貴族が狩りをする〕狩猟地で農業を学ぶことと同様、きわめて困難なのである。

ところが実際には、一つだけ、この理屈が当てはまらない実業の分野がある。この種の実業に関しては、今も貴族がその任に当たっていて、今後もそうあり続けるものと思われる。また、それが望ましいとも言える。その実業とは、外交である。ナポレオンは人間というものを熟知していて、たとえ可能だったとしても、革命に関わったような人物を伝統ある諸外国の宮廷には派遣しなかった。ナポレオンによれば、「彼らは誰にも話しかけず、誰からも話しかけられない」ので、本国に情報を送ることが一切できないからである。その理由は明らかである。ヨーロッパの旧世界の外交は、ほとんど歓談用の客間で行われた。現在でも、たいていはそうなっている。国民同士の接点になっているのは、それぞれの国の上層にいる人々である。彼ら最上層階級は、頻繁に外国を旅行する。それで外国のことを熟知し、愛国主義と呼ばれる領域的な偏狭さをいちばん免れている。またそうした人々だと考えられてもいる。ただし、この分野でさえ、実のところ、イギリスの新興の商人階級は、貴族層と同等の長所を持っている。彼らは外国に関して、貴族と同じく膨大な知識を持ち、貴族以上に頻繁に接触している。しかし、それにもかかわらず、この新種族は、外交に関して旧種族と同じ働きができるというわけではない。大使は単なる代理人ではない。一幕の見世物でもある。彼は、外交交渉のためだけでなく、外交舞台の役者として派遣される。外国の宮廷や君主たちの前でイギリス王室を代表しなければならないのである。貴族は本性上、こうした仕事にうってつけである。彼らは、人生の演劇的な場面でうまく演じることができるように訓練されてきたからである。彼らが何かに適しているとすれば、それはまさに外交の仕事である。

とはいえ、外交はあくまでも例外である。実業の分野において、貴族層が実業に日々接する階級に劣るのは当然である。だから、実務的問題に関する修正を担当する議院の成員にどの階級を選ぶかという話になると、貴族階級は適任ではないということになる。実のところ、現在の貴族院が何とか機能しているのは、イギリス人という種族にとって実業がいかに性に合っているかを示す特異な例なのである。「貴族院全体」のふだんの姿は滑稽である。ブライト氏(46)が場合によっては使いそうな言葉で言うと、それは危険なほど常軌を逸している。しかし、それでも貴族院「各委員会」では膨大な仕事をこなし、多くの場合、優れた仕事ぶりを発揮している。大部分の貴族は、与えられた仕事を何一つせず、その能力もない。ただし、少数の貴族は仕事をこなしていて、その首尾もよい。そうした貴族が、今では以前よりも増え、仕事ぶりも熱心になっている。とはいえ、先入観を交えないで判断するかぎり、貴族院の仕事が完璧に行われているとは言えない。イギリスほどの知性豊かな国なら、もっと多くの知力を法律の修正のために活用できるし、活用されるべきである。

さらに言うと、貴族院の仕事ぶりは不完全であるばかりでなく、控えめに言っても、臆病だと言うしかない場合が多い。貴族院は国民の一部分にすぎないため、国民を恐れているのである。貴族院は、長年のあいだ、もっとも重大な政治的問題に対して自分たちの考えとは正反対の行動をとることに馴染んできたので、どういう場合なら自分自身の判断に基づいて行動してよいのかが、わからなくなってしまっている。真摯な若者貴族が、こういう貴族院の憂鬱で気だるい雰囲気に滅入ってしまう有様は、ときに滑稽である。「穀物法や腐敗選挙区(47)が廃止された今、なぜ綿工場規制法案の第九条で悶々としなければならないのだ(48)」。貴族の大多数は心の中でこう考えている。ウェリントン公あるいはダービー卿、リンドハースト卿といった指導者たちの一声が、今後、貴族たちの眠った活力を揺り起こす場合もあるだろう。しかし、たいていの貴族は今、力なくうなだれている。

第一次パーマストン政権が一代貴族の創設を提案した際、貴族院がこれに抵抗しなかったなら、同院の数々の欠点は一挙に減少して、いずれ何年かすれば、ほとんど消滅することになっていただろう。この一代貴族創設案は、ほぼ完璧と言えるほどのものだった。貴族院のような旧来の制度の改革には、必ず大きな困難が伴う。貴族院の将来は、世襲の地位と古来から残る恭順の念にかかっている。だから、もし貴族院について、みなで騒ぎ立てたり、集会で大声を上げたりするなら、恭順の念は消え去って、同院特有の魅力も失われ、とっておきの神聖性もなくなってしまうだろう。しかし、不思議な運命に導かれて、国制の奥深いところにある古来の大権が、〔貴族院に反対するための〕煽動を不要にしている。貴族創設の大権があることで、煽動などしなくても、それと同様の効果がもたらされるのである。故人となった今、冷静に回顧できるのだが、パーマストン卿は、徹頭徹尾、貴族であり、イギリスきっての貴族層の味方だった。ところが、その彼がこの大権の行使を提案したのである。もし、当時もなお貴族院がウェリントン公

の支配下にあったなら、貴族院は、たぶんこれに黙って従っただろう。〔／〕

そもそもウェリントン公は、理論的な政治家が彼に提示する見解を一つひとつ吟味するような人物ではなかったと思われる。しかし、彼ならではの持ち味を発揮して、貴族院を正しい方向へと導いただろう。とりわけ彼が嫌ったのが、国王に反対することだった。深刻な危機、つまり穀物法危機のとき、彼の念頭にあったのは、他の人々を悩ませていた経済問題や、先行き不透明な国の安定のことではなく、女王陛下の心の安寧だった。彼の考えでは、国王は国制の最上位を占めていた。そのため、破滅的な事態になっても、ときの君主がほんのひとときでも心安らかでいられることだけが彼の関心事だったし、実際彼もそう明言していた。彼は、国王の行為だとはっきりとわかる場合、それに反対するとなると、決して心安らかではいられなかった。ウェリントン公が当時も貴族院の指導者だったなら、国王が自ら適切に選び取った政策の推進を認めただろう。その可能性はきわめて高かったと言える。〔／〕

しかし、公が亡くなったために、彼の権威、あるいはその一部は、すでにまったく異質の人物の手に移っていた。〔後継の〕リンドハースト卿には、数多くの才能がある。彼にはすばらしい知性があった。同じ世代の誰よりも真実を見極める偉大な能力を持っていた。ところが、彼にとって真実は愛好の対象ではなかった。それを見抜く優れた能力を持ちながらも、彼自身は生涯を通じて誤謬の信者だった。この誤謬に関しては、今では彼の所属政党自体も認めている。彼には、判事時代と同じように、政治家としても真実を見極めることができたはずである。だが、彼は決してそうはしなかった。決して真実を探求することはなかった。彼は徹底した党派人であり、討論の才能やほとんど無敵とすら言えるほどの論理的な議論の能力を、党の主張を擁護するために使った。〔ノ〕

一代貴族の創設が対立政党から提案された。彼自身の政党に直接害をなすと予想される提案である。これが、彼にとっては絶好の機会となった。このときの彼の演説は、これに接した者の記憶に今でも生き続けている。当時、彼の視力は読むことができないほど低下していた。そのため彼は、この問題に関して黒字体で書かれた典拠〔古文書〕のすべての内容を、記憶だけを頼りにきわめて精確に弁じたのである。(49) イギリスの議会で、これほどの知性が傾けられた演説は、ほとんど類例がない。ところが、導かれた帰結は嘆かわしいものだった。彼は、古来の文書の権威によってではなく、彼自身が持っていた権威と強烈な印象を残す表現とを通じて、政府の提案を拒否する方向へと貴族院を仕向けたのだった。国王は今では一代貴族を創設する権限を持っていない、だから一代貴族というものは存在しない、とリンドハースト卿は論じた。こうして貴族院は、自らをそれとなく改革するという前例のない絶好の機会を逃してしまったのである。こうした好機は二度と来ない。〔/〕

仮にこのとき、一代貴族が創設されていたなら、それに選ばれた人々は、イギリスにおける第一級の人々の仲間入りをしたことだろう。マコーリー卿(50)は、この仲間に入ることになっただろう。ウェンズリデイル卿(51)は、法曹界きっての学識と抜群の論理的思考力を持っていたが、彼もまさしく第一級の人物だった。こうした人々を、年を追うごとに、三〇名から四〇名になるまで慎重にゆっくりと貴族院に加えていくなら、同院は批判のための議院に必要とされていた要素を得ることになっただろう。貴族院には、批評家たちが加わることになっただろう。当時の各界きっての人士たちが、家系や資産の有無といったいらぬ心配を抱くことなく、再考の議院に加えられていたにちがいない。貴族院にまさに必要な要素が、あたかもイギリス国制の摂理によって与えられるかのようだったのであるが、これを貴族たちは拒否した。どうすればこの失敗を挽回できるのか、私にはわからない。しかし、挽回できない場合、貴族院の知力はかつての水準に決して達することはなく、将来あるべき水準に達することもないだろう。その結果、その職責を十分に果たせないだろう。

一代貴族の創設に加えて、もう一つ、改革が必要だった。代理投票制度の廃止である。熱意がないまま出席を続けていると、いつか貴族院の命取りとなるだろう。外観も中身も同じだった、ということがあるが、貴族院の現状は、その一例である。貴族院は、ほとんどいつも、本来あるべき姿とかけ離れているように見える。かけ離れすぎていて、貴族院が本来どうあるべきか、ほとんどの人々がわからなくなってしまいそうなほどである。思慮深い貴族たちの出席者数が、そうでない貴族たちの欠席者数、つまり、彼らの代理投票の票数に負けることがなくなれば、思慮深い貴族たちの出席者数は増大することはわかりきった話である。代理投票制度が廃止されれば、貴族院は真の貴族院になり、これに一代貴族が加われば、優れた貴族院になっただろう。

これらの改革が進んでいけば、それは、補完的な役割を果たすという点で、貴族院にとって非常に大きな支えになっただろう。大きな国家ではたぶんよくあることだが、見識ある人々から構成される組織が国制の中の高い地位を占めることになれば、そういう組織は、はじめは誰も期待せず、また当初の構想からは当の本人たちも考えもしなかった機能を持つようになって、その機能をうまく果たすことになるものである。これは特

に、貴族院で実際に生じてきたことである。〔〕

いちばんはっきりしている例は、司法の機能である。新しい国制を設計するとき、どんな理論家でも、司法機能を第二院に持たせたりはしないだろう。イギリス国制がそうなっているのは、偶然のなせる業である。事実、第二院が司法機能には適していない、ということが次第に明らかになっていった。現在の取り決めでは、この機能は貴族院全体ではなく、院内の一委員会に付託されている。[52] 一度だけ、つまり、オコンネル裁判[53]のときだけは、貴族院全体による投票が求められたことがあった。といっても少数の出席者の投票ということになるが。しかし、そんなことをすれば、司法権を破壊しかねない、いや、実際に破壊することになるだろうという指摘が出て、それきりになった。〔〕

出席議員が一定していない議院でたまたま多数を占めている議員たちに司法の機能を本当に与えることなど、誰もしないだろう。いい加減な理論では可能だとしても、生きた現実の中ではありえない話である。さらに、法律論としても、イギリスには二つの最高法廷、つまり枢密院の司法委員会と（名称はともかく事実として）貴族院の司法委員会とが必要だとする議論は、非常に大きな疑念を生じさせるものである。ごく最近まで、一方の委員会では、ある男の金銭に関する責任能力を認める判決が下され、他方の委員会では、同じ人物に対して、土地取引に関する責任能力を否定する判決が下される、ということもありえた。この不合理な状況は解消されたが、そうした事態が生んでいる根本的な問題が解消されたわけではない。つまり、二つの最高法廷を設ければ、それぞれの委員会が同じ問題を審議して、ときには相反する判決を下すという問題が間違いなく、頻繁に生じてしまう。私は、貴族院の司法機能を本当の補助機能と言えるものだとは考えていない。何よりも実質的にその機能が使われているわけではないし、また形式的にも、その機能がない方がよいと考えているからである。イギリス国民の最高法廷は、他とは比べものにならないほど抜きん出た裁判所であるべきである。そのためには、他の法廷すべてを監督しなければならず、同じ審級の法廷があってはならない。また、法律に統一性を持たせるべきである。立法担当の議院の内部に隠しておくべきではない。

貴族院における本当の補助機能は、司法機能とは別物である。貴族院の本質的な性格にぴたりと当てはまる機能である。それは第一に、行政府を批判する機能である。大半の貴族院議員には、失う物も得る物もない。どの議員も、揺るぎない社会的地位に立っている。誰も選挙区を持っていないし、ときの大臣に気がねすることもほとんどない。こうした議員たちから構成される議会だからこそ、独立した批判がなされることを求めたり期待したりできる。実際私たちは、この批判する機能を目にしている。最近の政府が制定した法令に対するグレイ卿(54)の批判は、見事なものだった。ただし、こうした批判がいっそう大きな価値を持つためには、もっと多方面から行われる必要がある。偉大な才能を持った人々が行う批判にはすべて、その人自身の特徴が現れる。そこには、その人の思考と感情とが充満するのであるが、そのために、その思考や感情は独特のものになる。貴族院に優れた才能や知識あふれる批判がもっと増えればよいと思う。グレイ卿ほどの人物を、とまでは言わない。めったに見つけられないからである。とはいえ、少しでもグレイ卿に近い人物を望みたい。貴族院にいる批評家たちは、公平性や明晰さという点で彼を見習うべきである。とりわけ、彼のように、問題を補完的な視点から捉える力を身につけるべきである。〔〕

当事者の見方というものが一方にはある。この見方には、(私が論じているのは、あくまでも、内閣の行動として、熟慮と議論を経た行動の問題だが)ほぼ間違いなく、新旧すべてのものが、確認され確定しているすべてのものが含まれている。しかし、他方には、傍観者の見方というものがある。この見方では、過去の確実な要素の一つあるいはそれ以上が見落とされがちである。とはいえ、傍観者だからこそ、熱心に集中している当事者には見えない新しい要素や、当事者の視野には収まらない要素を見つけることもある。第二院にたくさんの一代貴族がいれば、こうした質の高い批判を展開してくれるようになるにちがいない。残念ながら、これが今すぐ実現する見込みはない。まずはこうした人たちが必要だと学ぶことから一歩を踏み出すべきである。

貴族院の第二の補助機能は、さらに重要なものである。庶民院の改革が言われているが、その可能性は否定できないものの実現は見込めない。そこで、現実のあるがままの庶民院を取り上げてみよう。同院は、膨大な仕事に押しつぶされている。その仕事を処理する作業が内閣にのしかかって、その作業はきわめて厳しいものになっている。庶民院に議席のある閣僚はすべて、「登院」を求められ、発言しない場合でも、投票を通じて議会運営に貢献しなければならない。教育部門のような些細な問題の場合についてさえも、ロウ氏(55)のような批評の名手が、「登院して山ほどある労役にさらされない」部局の長はないものか、とこぼしていたほどである。一部の閣僚には、この苦行を免除して、議会の大騒ぎから身を守れるようにすることが必要だとさえ言える。しかし同時に、閣僚には自分の見解を国民に説明する権限、つまり、他の議員たちと同じく、自分の見解を国民に聞いてもらう権限が必要になる。それには様々な方法が考えられる。庶民院に

ついて扱うところで少し論じることにしよう。〔／〕

しかし、はっきりしていることがある。貴族院では、所属議員がこの目的を達成できるようになっているのである。つまり、発言権が与えられていて、地位をも与えられている。地位の付与は、他に代えがたい優れた方法である。閑職にある閣僚も、貴族院では、権威や権力を行使して発言する。彼らは発言を許可された行政官、つまり、説明のために貴族院に遣わされるだけで投票権を持たない小役人（ときどきこう揶揄されることもある）ではなくて、発言する相手の議員と同じく自分も議員である。だから、好きなように発言するし、自分の言葉で返答もする。貴族院に対して、下級の役人がするように「息を殺して」言上するのではなく、確かな地位に発する威勢と威厳を背にして演説を行うのである。一代貴族ならば、イギリス国制のこの機能をもっと自在に、もっと多彩な方法で使いこなすことができるだろう。その結果、有能で時間に余裕のある階級の人々をいっそう広く活用できるようになるし、政治的な議論の場としての貴族院の改善が進むだろう。なぜなら、選り抜きの説教者たちが増えることになるからである。

庶民院の危機があまりにも急激に改革されることからおそらく生じるとすれば、貴族院の危機は、まったく改革が見込めないことから生じるのは確かだと思われる。貴族院を改革せよ、と主張する者はいない。それで、貴族院は乱暴な破壊行為に対する安全を確保しているのである。ところが、貴族院は、内部腐食に対しては無防備である。そのために、国王が拒否権を喪失したのと同じ道をたどるかもしれない。貴族院議員の大半が自分の職責を果たさずに、全議員が一つの階級としてふるまい続け、しかもそれがどう見ても最上層階級のふるまいに見えないなら、また、才能があっても一門を築けない人物や、優れた能力を持ちながらも五〇〇〇ポンドの年収がない人物に対してその門戸を開かないなら、ちょうど、国王の権限が誰も気づかないうちに消え去ってしまったように、貴族院の権限は年々削られていって、しまいにはなくなってしまうだろう。その危険は、闇討ちに遭う危険ではない。衰退という危険である。誰かが廃止してしまうという危険ではなく、衰微していくという危険である。

第五章　庶民院*

＊再版に際しても、本章は初版から実質的に変わっていない。〔第二版の〕序文で説明したように、今回の選挙法改正がどんな変化をもたらすのかについて論じるには、まだ早すぎる。

庶民院の威厳的な側面は、その実用的な役割と比べるなら、まったく副次的なものでしかない。庶民院は、威厳を持っていない。ある統治機構の中で、その主要機関がうまく機能するには、それらの機関は威風堂々としたものでなくてはならない。だから、その各機関が、少しでもうまく機能しているなら、多少なりとも威風堂々としたものにちがいない。芸術と同様、政治においても人間の想像力に訴えることは欠かせない。人間の想像力にもっぱら影響を与えるような制度を作ろうとするなら、対象となる人々の想像力に合った制度でなければならない。庶民院も心を動かすようなものでなくてはならないし、実際にそうなっている。とはいえ、庶民院の値打ちは、外見ではなく実質にある。庶民院の任務は、人々の畏怖心を呼び起こして権力を獲得することではなく、人々を支配するために権力を行使することなのである。

イギリス国制に関する世間一般の議論では、庶民院の主要な機能についてきちんと論じられていないが、私たちはこの機能についてすでによく知っている。庶民院は、人を選ぶ議院である。イギリスの行政の長を選出する集会なのである。ワシントンとその政治家仲間は、国民の中でもっとも賢明な人々から構成される(ことを願って)選挙人団を作り上げた。彼らの構想では、この選挙人団は、しっかりとした審議を経た上で、国民の中で最高の知性を持った人物を大統領に選ぶはずだった。しかし、そういう選挙人団は見せかけでしかなかった。独立性がなく、生命が宿っていなかった。どんな人たちが選挙人団を構成しているのかについては誰も知らないし、知ろうともしない。選挙人団は、議論も審議もまったくしない。選挙人団は、リンカン氏かブレッキンリッジ氏を大統領に選出するために選ばれているにすぎない。だから、彼らも、どちらかに投票するとすぐ地元に帰ってしまう。ところが、イギリスの庶民院は本物の選挙人団になっている。選出したいと思う人々を選出し、罷免したいと思う人々を罷免している。アバディィーン卿やパーマストン卿を支持した選挙から数ヵ月しか経っていなくても、庶民院は、はじめに支持していた政治家を突然解任し、それまでは受け入れていなかった正反対の立場の政治家を首相に選ぶこともある。こうした場合、おそらく庶民院は口には出さないが、世論を斟酌しているのである。しかし、こういう場合でも庶民院の判断には、間違いなく自由意志が多分に働いている。庶民院は、国民がついてきてくれるだろうと思える目的に向かって進んでいるだけのことである。ただし、国民がついてくる場合も、ついてこない場合も、そのきっかけを作っているのは庶民院である。つまり、主導権を握っているのは国民ではなく庶民院の方であって、ときには慎重に、ときには気まぐれに行動するのである。

　アメリカでは、国民の政治的な力は、大統領を選び終えると無になってしまう。国民の意志を伝えるだけの選挙人団も同じである。ところが、庶民院には選出の権限だけでなく罷免の権限もあるから、首相との関係が途切れることはない。議会は首相に基本方針を示し、首相は議会を指導する。首相と庶民院との関係は、庶民院と国民との関係に相当する。首相は、庶民院がついてくるだろうと思われる方角へ進むだけである。ただし、首相は指導権を発揮しなければならない。進路は自分で決め、自分が先頭に立って進んでいかなければならない。しりごみは許されない。名馬は、騎手の手綱さばきにうまく応じることを好むものである。同様に、審議機関である大集会も、優れた指導の下にあるという手応えを好むものである。議会の言いなりになる大臣、すなわちこれ見よがしに議会の歓心を買おうとして、議会を統制しようとはせず、議会の簡単な誤りも指摘しようとしないような大臣が成功することはめったにない。偉大な議会指導者のあいだには、それぞれ大きな違いはあった。しかし、ある種の毅然とした態度を持っているという点では、どの指導者も一致している。大きな集会は、小さな子どもと同じように甘やかすとすぐにだめになる。イギリス政治のすべては政権と議会とのあいだに働く作用と反作用に尽きる。任命された側〔政権〕が指導しようと奮闘する一方で、任命した側〔議会〕はその指導に沿って猛然と進んでいく。

庶民院でもっとも重要な機能は、今では、首相を選出することである。これについては、紙幅を割いてしっかりと説明した方がよい。なぜなら、この役割を無視するのが伝統になっているからである。議会の会期も半ばを過ぎようとしている時期に、次のような新聞記事を目にすることがある。「本会期では、まだ成果が一つもない。女王演説でいくつかの問題の解決が約束されたが、些細な問題ばかりだった。しかもその大部分が解決していないのである」。議会を身近に観察して事情に通じている人々からさえ、同じような話を聞かされることがあるだろう。リンドハースト卿は、長年にわたって、いつも立法の成果を一つひとつ数え上げては、その数の少なさを非難したものだった。しかし、その成果は、第一次ウィッグ政権時代のものだった。この政権は、どの政権と比べても、立法化すべきものをより多く抱えていたし、実際に、より多くの立法を行ったのである。リンドハースト卿がふるったような熱弁に対する首相の反論を正確なものにするには、一人称で反論した方がよかっただろう。つまり、次のように毅然と述べるべきだったのである。「議会は、このわたくしを支持し続けてきたのです。これこそが議会の重大な職責でした。つまり議会は、敬意を表す伝統的な表現で申しますと、「女王陛下の政府」を存続させてきたのであって、賢明な考えか愚かな考えかはともかく、イギリス国民にとって最善だと考えた行政府を支えてきたのです」。

庶民院の第二の機能は、表明機能と呼んでよいものである。この機能は、庶民院に持ち込まれる問題の一つひとつに対して、イギリス国民の意見を表明する機能である。庶民院がこの機能を十分適切に果たしているかどうかは、この後すぐに論じることにしよう。

第三の機能は、教育機能と呼んでよいものである。専門用語的な言い方だが、物事の輪郭をはっきりさせるためには、なじみ深い物事の場合でもそうした言い方は必要である。名士たちが集まる公開の大評議会が社会の中心で開かれれば、当然、その社会を変えないはずはない。この評議会は、社会をよりよい方向へ変えるはずである。また、国民が知らないことを教育するはずである。庶民院がどれだけのことを教育できて、実際に教育しているのかについても、後の議論で扱うことにしよう。

第四に、庶民院には報告機能と呼んでよいような機能がある。この機能は、現在のような形だと非常に近代的なものに思えるかもしれないが、中世にあった役割と不思議なほどよく似ている。当時、庶民院の役割の一つは、失政を君主に知らせることだった。庶民院は国王に対して、あれこれの立場が抱えていた不平不満を申し立てたのである。議事録が公開されるようになると、同様の苦情や不満の報告が、現在の主権者である国民に向けて行われるようになった。国民もまた、かつての国王と同じく報告を望んでいるのである。〔／〕

自由な国民の大半が公正だというのは本当である。自由があれば、人々は妥協の姿勢を身につける。これが、正義のおおよその土台になるのである。イギリス人は、たぶん、どの自由な国民よりも公正である。ところが、自由な国民であるとともに物わかりがよい国民は、イギリス人も含めてめったにいない。自由な国民は、自分になじみの事柄、つまり、自分が経験したものや自分の考えに合致するものしか理解できない。「そんなこと、これまでに聞いたことがない」。これが、イギリスの中流階級の口癖である。そう言えば論破できると思い込んでいる。これに対して、論争相手も平凡な人間だと、「君の経験が単に狭いだけだ」とか、「私の意見が正しいかもしれないよ。君がまだ同じような経験をしていないだけじゃないのか」という反論もできないのである。しかし、議会での重要な討論では、こういう感覚が効果をしっかりと持つことになる。どんな考えや信条、感情や不平も、相当数の議員の賛同を得られるなら、イギリス人の大半が間違っていて有害な意見だと考えた場合でも、ともかく一理あるはずだと感じられる。見識ある人たちの意見の一つなのだから一考の余地がある、とされるのである。〔〕

これは、イギリス人が獲得した非常に大きな成果である。経験豊富な外交官によれば、専制的な統治の場合に比べて、自由な統治形態を持っている国は扱いにくい。専制君主の中にも、相手の意見を聞く君主はいる。その周囲には、知性に磨きをかけた大臣たちがいて、どんなことで自国が不利になるのかよくわかっているから、君主に忠告できる。

ところが、自由な国民は、自分の意見と異なれば、どんな意見も決して聞こうとしない。新聞は、読者が好む意見ばかりを繰り返す。紙面には、読者に心地よい議論が並んで詳しく説明され、その具体例も示される。他方、不都合な議論は省かれ、その誤りが捏造されてでたらめ放題になる。聞く耳を持たない判事は最悪の判事だと言われるが、自由な統治も、その支配階級が聞く耳を持たなければ、もっとも愚鈍な統治になってしまう。私としては、重要度から考えれば、この報告機能を議会の二番目の役割としたいほどである。私たちは、この機能のおかげで、本来なら聞こうともしないような問題に、ある程度耳を傾けるようになっているからである。

最後に、立法機能がある。この機能の非常に大きな重要性を否定するのは、たしかにばかげたことだろう。ただ私が言いたいのは、この機能を、国家全体の行政や、議会が行う全国民の政治教育と同列には扱えないということである。立法がこれらのどの機能よりも重要になる時期があることは、私も認める。法律が国民に合わなくなって改正が必要になることもあるだろう。穀物法のような特定の法律が、産業全体に損害を与えることもあるだろう。こういう場合、行政上の措置を下手に重ねるくらいなら、法律を廃止してしまった方がよいかもしれない。しかし、大まかには、法律は国民生活に合わせてある。だから、法律を国民生活に適するように修正することは、付随的な問題でしかない。それよりも、国民生活をどのように取り仕切って、これにどのように対処するのかという問題の方がもっと急を要する仕事である。それにもかかわらず、どの大国の場合でも、法令集には多くの重要な新法が毎年追加される。イギリスの場合は、とりわけ数が多い。実のところ、それらの法律の大部分は、法学の正しい言い方からすれば、法律と呼べるものではない。法律とは、多くの場面に適用できる一般的な命令である。法令集にぎっしり書き込まれ、議会の委員会を悩ませている「特別法」は、特定の対象だけに適用されるものである。これらは、鉄道一般の敷設を規定する法律ではない。ある地点から別の地点へ鉄道を敷設することを定める法律であり、それ以外のどんな事業とも無関係である。しかし、どれだけ低く見積もっても、議会が毎年行う立法は、とりわけ重要な成果である。そうでなかったら、立法だけが毎年開催される議会の成果だと見なされることが多いが、そういう話はありえないことになるだろう。

庶民院の第六の機能として、財政機能〔予算を決める役割〕を挙げるべきだと考える人々もおそらくいるだろう。しかし、大まかな原則に立って、専門的な議論は棚上げにすれば、庶民院は、財政に関して、立法の場合とは異なる特別な役割があると私は考えない。

庶民院は、〔財政上の立法と一般的な立法の〕どちらの立法の場合にも判断しなければならない。その判断は、内閣を通じて行われなければならない。財政上の立法は、当然、〔一般的な立法とは違って〕毎年繰り返される。しかし、立法が繰り返されることは、扱い方の性質の違いを示しているわけではないし、そのせいで正反対の扱いをしなければならなくなる、というわけでもない。

実際のところ、現時点で、財政問題における庶民院の特質は、特別な特権ということではない。むしろ、庶民院は異例の無能力状態にある。たいていの問題に関しては、議員は誰でも、どんな提案でもすることができる。ところが、金銭的な問題となるとそうはいかない。国民への課税を提案できるのは、大臣だけである。通常、この原則は国王大権に関する中世の政治理論で説明されるが、一九世紀にも、一四世紀と同じく通用していて、たしかな原則の一つに依拠している。庶民院は、現在では真の主権者であり、行政府の実質的な任命権者である。他方、昔のように会計監査をして、経費の削減を進めるような倹約家でなくなってから長い年月が経っている。庶民院は今では、当時の大臣以上の浪費家になりつつある。経験豊かなある財政通が次のように言っていた。「庶民院で一定の喝采を得たいなら、節約について漠然と賛成を表明しておくのがよい。確

実に負けたいなら、対象を絞って経費節減を提案することだ」。〔／〕

その経緯を説明するのは簡単である。公的な支出にはすべて、何らかのはっきりした公的目的がある。公金の支出を目論む議員たちは、その目的について長々と説く。曰く、「この大国にとって、たかが五万ポンドではありませんか。今ここでけちな反対をしてどうなるのでしょう。イギリスの産業はかつてない生産性を示していて、資金力もかつてないほど強大になっています。今申し上げている大きな国益に比べれば、五万ポンドがいったいどれほどのものでしょうか」。この支出に賛成の議員たちは、毎回議会にやってくる。この支出で利益を得たり、その目的に熱心な選挙民とか同調者がいて、おそらく彼らが議員に登院を求めているのだろう。ともかく、人気取りの投票が行われることになる。いつも慈善家を気どって、話を大げさに取り上げる新聞が、これを褒めちぎることは確実である。この支出に反対の議員たちが議会にやってくることはめったにない。わけもなく人気を落とすことをする理由などないのである。支出目的はしっかりしているように見える。これを推進する議員たちの多くは、たしかに誠実な人柄である。だから、批判票を投じると、敵を作って新聞から酷評されることになるだけだろう。もし財政支出を抑制する機能が少しも働かないなら、「民衆の議院〔庶民院〕」は、民衆の財産をただちに使い尽くしてしまうだろう。

これに対する抑制を働かせることが、国家の財政に対する内閣の責任である。すべての議員が課税について提案できるなら、内閣は議会に好きなようにさせて、自分はその問題には関わらないでおくこともできる。しかし、そうしてしまえば、庶民院が承認した支出ならどんな支出でも、内閣自身の意志に反して承認された場合でさえ、内閣はその財源を見つけてこなければならなくなる。だから内閣は、余計な支出にもっとも強く反対するのである。金を払わなければならなくなるのは内閣である。内閣は、税金をかけなければならなくなる。課税は常に不興を買うものである。あるいは国債を発行することもあるだろう。これは、平時においては恥ずべきことである。内閣は、(いわば)政治という一つの家族の稼ぎ頭である。つまり、内閣は、ちょうど一家の長が夫人の寄付金やお嬢ちゃんのお化粧品代を払わなければならないように、議会の慈善や見栄のために収支の帳尻を合わせなければならないのである。

事実、内閣が唯一の行政府とされている以上、財政上の全責任を負わなければならないのは、内閣である。どんな活動にも金銭が必要だし、どんな政策も金銭次第である。だから、活動や政策の価値を比べて予算を割り当てる仕事が、行政府に任されているのである。

庶民院の機能に関するここまでの考察から結論として出てくるのは、私たちは庶民院によって支配されている、ということである。ところが、事実、私たちはこの支配にあまりにも慣れてしまっているので、これを少しも不思議なことだと思っていないようである。統治形態の中には奇妙なものが多いが、しかし、その中で実際いちばん奇妙なものは、公衆の集会による統治である。そこには、六五八名の議員がイギリス各地から集まっている。議員たちは、生まれや利害にしても、見た目や話し方にしても、それぞれに違っている。考えてみてほしい。イギリスとはどんな帝国で、どれだけ多様な構成要素を抱え、どれだけ頻繁に関心事が変化するのか。また、どれだけ歴史的な事情を深く考慮した政策を実行しなければならないのか。さらに、これほどの帝国を統治するために、どれだけ膨大な情報や優れた判断力や確固たる意志が必要なのか。その上で、実際の議員たちに目を向けてみると、きっと驚くだろう。目にするのは雑多な人々の団体であるが、この団体はごく少数のこともあれば、大勢のこともあり、絶えず変化している。ときには沸き立つこともあるが、たいていは退屈していて、半分はくたびれている。どんな名演説も聞いていられないから、どんな冗談にも飛びついていく。イギリス帝国、すなわち、イングランド、スコットランド、アイルランド、そしてアジアやポリネシア、アメリカの広大な領域、さらには世界中に点在する小さな領土、これらすべてを統治しているのは、こういう人々なのである。

ペイリー(1)は多くの名言を残したが、中でも最高の名言がある。曰く、「難しいということをわからせる方が、難しさを説明して理解させることよりもずっと難しい」。何回議論しても解決できない問題を解く鍵は、たいていの場合、まだ議論されていない部分にある。その部分は、いわば人物画の背景のようなもので、はっきりしていて単純なものであって、どんな人でも描けそうである。ところが実際には、背景は、人物を正しく配置してその場になじませ、その人物をその人らしく表現するという重要な役割を担っている。議会政治は平明で自然なものであり説明などいらないと思っている人は、議会による統治というものがわかっていない。クラブ(2)による統治は永遠の奇跡なのだということがわからない人は、この問題を認識する入り口にも立てない。

最近のことだが、大勢のイギリスのジェントルマンが突然招集されると、どれだけ悲惨な状況に陥るか(3)がよくわかる出来事があった。政府は、正しかった(4)か間違っていたかはともかく、牛疫の拡大阻止のための権限を、各州の四季裁判所に付託することが適当だと考えた。しかし、「州公会堂」が見せたのは、およそ満足いくものとは言えない光景だった。これは、私自身が実際に目の当たりにしたものである。そこでは、正しい決定どころか、ともかく何らかの決定にたどり着くことがきわめて困難だった。議長が提案したのは、非常に複雑な決議案だった。この案には、全員が賛成する内容と全員が反対する内容のどちらも盛り込まれていた。もちろん、一部の人々が好意的に評価し、別の人々が反対に回るような内容も含まれていた。この決議案によって、いわば、会議に火がつくことになった。議員の誰もが修正案を提出した。どんな修正案が出てきても、誰も満足しない。こうして、決議は持ち越され続けることになった。イギリスの諺に「大集会では何も決まらない」というのがある。ところが、私たちを統治しているのは、庶民院、つまり、その「大集会」なのである。

　庶民院は統治をしているのではなく、統治者を選んでいるにすぎない、という議論もあるかもしれない。しかし、統治者を選ぶためには何か特別なものが庶民院にはそなわっていなければならない。内閣がロンドンのクラブによって選出されると仮定してみよう。どれほどの混乱が生じることか！　また、どれほど多くの書簡がやりとりされることか！　「私が支持する候補者に投票してくださいと、何某（なにがし）さんにお話しいただけないでしょうか」という声が四方八方から聞こえてくる。A氏の夫人とB氏の夫人が結託して、C氏の夫人の邪魔をするということもあるだろう。クラブで選挙が行われる場合、クラブの中で女王のように君臨している人の威光が働くか働かないかは、まったく問題外だろう。クラブの構成員に実質的な選択権があるなら、やはり、クラブは混乱して策謀が企てられることになるだろう。私がここで提起している問いは、なぜ庶民院がうまく統治しているか、ということではない。そうではなくて、なぜ庶民院はまがりなりにも統治できているのか、ということである。これは、根本的な問題だが、ほとんど問われていない問題である。

庶民院は組織化されている。だから庶民院は、組織化されていない四季裁判所やクラブにはできない仕事ができる。イギリスの二大雄弁家であるブルーム卿とボリングブルック卿(5)は、多くの弁舌をふるって政党政治を攻撃した。ボリングブルックは、自分が何をしているのかをおそらく理解していた。彼はいつでも庶民院の敵であり、その急所を突こうと思っていたのである。しかし、ブルーム卿は、自分が何をしているかがわかっていなかった。彼は、議会政治の改善を提案していたが、その改善策は、議会による統治を可能にしている要素そのものを破壊するものだった。現在、議会の多数派は、少数の指導者に従っている。指導者たちの提案を支持して、指導者たちが拒否する提案を拒否している。かつて、ある老齢の大蔵省政務次官(6)が口癖のように言っていた。「この案は筋が悪い。弁明に困るではないか。この問題には、我が党の多数派を動員しなければならん」。この次官は、五〇年も前の人物である。選挙法改正以前の政党の多数派は、党盲目的に従うだけだったから、非常に「動員しやすかった」わけである。今日では、党所属議員に対する指導者の権限は、厳格に、かつ注意深く制限されている。指導者たちは、所属議員を従わせることができるとしても、わずかな程度であるし、一定方向にかぎられている。とはいえ、指導者とそれに従う人間がやはり存在していることはたしかである。〔ノ〕

今日においてすら、庶民院の保守党には、専制的なリーダーシップの名残りがある。皮肉好きのある政治家は、州選出議員たちが、颯爽と威儀を正して長い列をなしていた光景を目にして、次のようにぼやいたそうである。「いやはや、この連中はヨーロッパいち頭を使わない投票をしているではないか！」。こんな嫌みはともかくとして、議会は指導者に対する服従を原則としているのである。望み通りに指導者を変え、別の人物に任せてもよい。ただし、ある人物を指導者にしたらその人物に従い、別の人物に鞍替えしたら、この人物に従うことになる。そのように従わないことに対して下される罰は、何もできないという罰である。何か有意義なことができなくなる、という罰ではない。まったく何もできなくなるという罰である。議員一人ひとりが自分が正しいと考えることをしようとするなら、どの動議に対しても、六五七の修正動議が提出されることになるだろう。そうなると、どの修正動議も、最初の提案も、どれも成立しない。

実際、庶民院が主として特に首相選出のための議院だということがはっきりとわかれば、政党がその核心だということをただちに納得してもらえるだろう。政党抜きの首相選出は一度もなかった。一つにまとまっていないと、ひとりの子どもを孤児院に入れることもできない。孤児院のようなところでは、「孤児Aに投票しましょう」と書かれたプラカードや「孤児Bに投票しましょう(知的な障がいもあります!)」と書かれた旗を目にすることもあるだろう。どちらの陣営も、プラカードや旗を掲げることに忙しい(7)。このような一度かぎりの些細な選挙に当てはまることであれば、大がかりで繰り返し行われる統治者の選挙にも、なおさら当てはまるにちがいない。庶民院は、しようと思えば選挙ができる状態がずっと続いている。統治者の選出や解任はいつでもできる。だから、政党は庶民院にとって本質的なもので、庶民院の骨の髄であり、庶民院の生命の源である。

〔庶民院が大集会であるにもかかわらず統治できている理由について〕第二の点に移ろう。前世紀には、広範囲に及ぶ官職任命権が、〔議員たちに対する〕買収の手段だったが、もはやこの手段は、政党指導者たちの手中にはない。しかし彼らは、どんな誘惑よりもはるかに強力な強迫で〔議員たちを〕押さえつけることができる。政党指導者たちは、議会を解散できるのである。これこそが、政党を一つにまとめる秘訣である。これについて、コブデン氏(8)はきわめて正しく表現している。「議員たちの話を聞いたところで、解散のころ合いは決して見えてこない。議員たちは、どんな問題にも賛成票を投じる用意があると言っていたが、解散に関しては、賛成するつもりだという話は聞いたことがない」。議事がてきぱきと進んでいくためには、多数派の固定票が必要である。固定票が集まるのは、特定の指導者たちに対する恭順の態度、あるいは指導者たちが掲げる政治原理への信奉によってである。さらに、この固定票が維持されるのは、指導層に対する恐れによってである。すなわち、反対票を投じれば、〔議会の解散によって〕投票権のすべてを失ってしまうかもしれない、という恐れである。

第三に、政党組織が議会政治の生命線だと分析したすぐ後にこう言うのもおかしなこなものと思われるかもしれないが、政党組織が永続的に機能するためには、これが熱狂的な党派人によって構成されてはならない。組織の全体は活気にあふれていても、個々の成員は冷静であることが必要である。そうでなければ、議会政治はあらゆる政治の中で最悪のもの、つまり、党派性むき出しの政治に陥ってしまう。この場合、与党は、政権を獲ったからには党所属議員がすでに提案していた政策をすべて実現させようとするだろう。また、これだけのことをやるつもりだと公言した以上、政党綱領の中身をすべて実現させようとするだろう。しかし、イギリス議会の政党人は、そういう気質を持っていない。彼らは、ウィッグだったり急進派だったり、またはトーリーだったりする。しかしまた、それだけにとどまらずもっと別の何者かでもある。つまり、イギリスの政党人は普通のイギリス人であって、ニューマン神父[9]が不平を漏らしたように、「教義の信奉者にまで育て上げるのが難しい」人々なのである。〔ﾉ〕

イギリスの政党人は、自分の党の信条に執着しすぎて、実現不可能な結論を押し通すようなことはしない。反対に、彼らを指導する方法、なかでも、いちばん優れていてよく知られている方法は、よく練られ理屈に合わない中庸の道を採ることである。こんな言い回しを聞いたことはないだろうか。「私は、三たす二が五になるという考えに肩入れするつもりはありません。ブラッドフォード選出議員が、この考えを進めるために、きわめて重要な議論を提出されたことも存じております。しかし、委員会のお許しを得まして、私は、二たす三は四にはならない、と申し上げます。この前提に立ちますと、本件に関して私がぜひともお考えいただきたい重要な提案を十分にご理解いただけるものと存じます」。庶民院議員の大多数には、こうした言葉遣いがうってつけなのである。〔ノ〕

実務にたずさわる人々の大半は、先行きを見通せないような状況が大好きである。そうした人々は、一生のあいだ、確率と疑いの世界に暮らす。そこには、確実なことは何一つない。多くの物事のそれぞれに、何らかの可能性がある。いくつかの方針のそれぞれに、それなりの理由がそなわっている。それにもかかわらず、実務的人間は一つの方針を断固として選択し、ぶれることなくそれに従っていかなければならない。だから実務的人間は、知性ではすっきりした答えが出ないこうした状況に適した議論を聞きたがるのである。議論の中にある用心深さやためらいは、彼らにとって弱腰の表れであるどころか、実現可能性のサインのように思われる。こうした人々は、自分も論理的な理由を説明できないような交渉ごとを積み重ねて金持ちになった。だからいつも、穏当だが明確な結論を望む。これは、問われれば繰り返し答えることができる結論であって、彼ら自身は抽象的な議論ではないと感じているが、現実生活の中で薄められて溶け込んでいる抽象的な論理なのである。以前、ある若者が我慢できなくなって、「ピールの議論にはきちんとした論拠というものがないように思われます」と言ったことがあった。それこそが、サー・ロバート・ピールが現代における最高の指導者になった理由である。私たちは、議論から厳密さを抜き去って本質を残すことが好きなのである。

実際、イギリスの政治体制の下では、庶民院の指導者の大部分が、自党の結論をむきになって押し進めようなどと考えてはいない。指導者たちは現実と向き合っている。野党でも政権の座に就くと、支払期日を迎えた投機商人としばしば同じ立場に置かれる。大臣たちは、自分の約束をきちんと果たさなければならなくなると、それが困難であることがわかる。状況はかくかくしかじかだから、私たちに政権を任せてくれればこういうことを行うつもりだ、と彼らは公言してきた。ところが、いざ公文書を手にして事務次官と意見を交わすようになると、すぐに約束の履行に疑念が生じる。次官は、不都合な事実も熟知していて、大臣に対して礼儀正しく振る舞いながらも、自分の意見を簡単に曲げたりしない。もちろん、何かはしなければならない。投機商人は手形を忘れてはいけない。さっきまで野党であった政党が政権の座に就いたからといって、地元の手強い支持者たちがまだ忘れていない約束の文言を、忘れましたと言って済ますわけにはいかない。しかし、商人が「どうかあと四ヵ月、支払い手形を待ってはもらえませんか」と債権者に懇願するように、この新任の大臣も事務次官に言う。「折衷案を講じることはできないかね。討論の場で発言したことの一字一句にこだわるつもりはもちろんないのだよ。これまでも無理に節操を貫こうとせず状況に合わせたからといって非難されたことはなかったが、しかし」云々。たいていの場合、最後は妥協案が作られる。この案は、野党時代の提案内容に可能なかぎり沿った内容であるかのように見える。ところが、役所の中では、非常にやっかいでしつこい事実というものが生息している。だから、この妥協案は、そうした明々白々な事実を前にすると無視できなくなる物事に、できるだけ合わせたものになっている。

政党に穏健な態度を採らせる最善の策は、本質的に穏健で慎重でほとんど臆病とすら言えるほどの人々で党を構成するように工夫することである。次善の策として、党のために最大限の弁説をふるってきた党指導者たちが、現実世界と密に接することができるよう工夫することである。イギリスの政治体制は、どちらの工夫も取り込んでいる。政げ、資金も潤沢に持ち、しかも実務手腕にも長けた階級が登場している。こう書いている今も、ふたりの議員が、彼らの階級としては破格の地位に任命された(43)。いずれ必ず（政治において、必ず、ということはないかもしれないが）権力を握って内閣を率いることになるだろう。この階級とは、高い教養を身につけた実業家階級である。何年か後には、実業界を離れて大望の成就に乗り出すことになるはずである。〔／〕

現在までのところ、こうした人々は政界にはほとんどいない。なぜなら、彼らが自分たちの実力をよく理解していないからである。コロンブスの卵のようなことが、ここで再び起こることになるだろう。若干の人々が先駆けてその実力を示せば、普通の実業家たちが大挙して後に続くことになるだろう。彼らは実業の心得の一部を伝え聞いているだけだが、これが大したものなのである。また、大学一族という家系もある。こういう家では、大学のフェロー(44)の待遇の話で持ちきりで、子どもにラテン語の詩才があるとわかればすぐそれに投資する。かつてはこれと同じようなものとして、インド一族というのもあったが、文官任用の競争試験制度が、やがてまた新たな一族を育てることになるだろう(45)。ちょうど同じように実業家一族というのも存在する。この一族は、金銭や管理運営に関するありとあらゆることを、自分が吸っている空気のように知り尽くしている。

党政治を穏健なものにすることが、政党政治を存続させ可能にする唯一の仕方である。イギリスの政治体制はこの仕方で、政党政治を存続させているのである。

こうした方策があれば、普通のクラブや四季裁判所を無力化している欠陥は十分に除去できるが、庶民院によるイギリス統治の場合は、これだけでは無理である。代表者が集まる公的な会議の場合は、他の公的な会議と比べて、さらにもう一つの欠陥がある。その問題とは、独立性を失うかもしれないということである。選挙民たちが代表者会議に万事を任せてくれない場合がある。そうなってしまえば、政党組織の弊害を防止するものとしてこれまでに列挙した防止策のすべてが無駄になる。この場合、選挙民の感情が有力政党の感情になってしまう。地方の政治組織が、選挙民自身にとって明確でなかったこの感情を呼び起こして刺激したり、場合によっては作り出したりすることさえある。そんな意見が穏健であるはずがないし、有意義な討論にきちんと耳を傾けるような性質のものであるはずがない。また、差し迫る現実にしっかりと目を向け、責任をじかに感じて気を引き締めつつ作り出された意見でもない。さらに、その意見は、自分自身の意見に基づいて行動しなければならない立場に置かれた人が作り出すようなものであるはずもない。選挙区の政治は、議会政治とは正反対である。選挙区の政治を行っているのは、現場に密着している穏健な人々ではない。現場からかけ離れたところにいる中庸を欠いた人々である。こういう人々の判断は、解散を気にしながら世論に訴える必要を常に意識している判断ではない。最終的な判断として、何のしっぺ返しもなしに行われる判断である。

これまで論じてきた議会政治の諸条件は、ほとんどの人が認めるだろう。しかし、世間で議論されている目立った構想の中で、これらの諸条件と両立しないものが、少なくとも二つある。第一の構想は、著名な理論家たち数名が熱心に肩入れしているものである。第二の構想は、煽動家たちの議論にその傾向がはっきりと示されている。これらは、どちらも右の諸条件と相いれない。これらの構想が実施されると、議会政治の動きが歪められるだけではなく、その動きが完全に止まってしまうだろう。つまり、これらの構想の実施によって、議会政治が悪化するという話ではない。議会政治そのものが不可能になってしまうのである。

構想の第一は、超（ウルトラ）民主主義理論である。この理論では、二一歳以上であればどんな人も(すべての女性もということではないにせよ)、議員を選出する平等の選挙権を持つべきだとされる(10)。イギリスにおける成年男性の昨年の人口を、仮に一二〇〇万人であったとしよう。この理論に基づけば、成年男性一人ひとりに一二〇〇万分の一の議会選択権を与えることになる。金持ちも賢明な者も、明確な法の規定によって、貧乏人や愚かな人以上の票を持つことはない。また、前者の人々により多くの票を与えることと同じ効果を持つように密かに工夫する余地もない。こうした計画を実行するためのしくみは、きわめてお手軽なものである。国勢調査をするたびに、各地区の成年男性の数が同数になるよう六五八の地区への分割を繰り返して、これらだけを一つの選出母体として、すべての議員を選出するわけである。しかし、こういう議会は、先に述べた議会政治の前提条件が満たされなければ機能しないだろう。

これでは、穏健な人々を集めた議会になりようがない。選挙区のうちのいくつかは、純粋な農村部の選挙区になって、教区牧師や地主がほとんど無制限とも言える権力を持つことになるだろう。つまり、牧師や地主らは、ありとあらゆる労働者たちを投票所へと駆り立てたり送り込んだりできるだろう。これらの選挙区では、純粋な地主勢力が議会に送り込まれることになるだろう。散在している小さな都市で、現時点では多くの議員を送り出しているところでも、田舎の大勢の候補者に勝てず、目立った数の議員を選出できなくなるだろう。こうして、イギリスの農村部は、四季裁判所の名士ばかりを選

出することになるだろう。〔／〕

他方、選挙区の大半は都市の選挙区となる。これらの選挙区は、都市の最下層階級の信条や不信を代弁する人物を送り込むことになるだろう。この代表者たちは、おそらく、二派にわかれることになる。まず、熟練工たち[11]だけを代表する議員である。ただし、それはおそらく、熟練工の最優秀の部類に属する選り抜きの知的な人々ではなく、普通のレベルの労働者を代表する議員である。もう一つの派は、労働者階級の代表のふりをするだけの、パブの代議士とでも呼べるような議員たちである。選挙運動が行われる大都市ではすべて、こうしたパブが違法な買収や裏取引の拠点になっている。そうした買収や裏取引の実態についての記録はたっぷりある。しかし、わざわざ紹介するまでもないだろう。私が言わんとしていることや、不正手段によって選出されている議員の不道徳な様子は、誰にでも理解できるだろう。〔／〕

このような新しい議会は、都市の最下層階級の代表と農村部の最下層階級の代表という二種類の議員から構成されることになるだろう。もっぱら都市部を代表する議員たちは共通の特質を持ち、もっぱら農村部を代表する議員たちは別の特質を持つことになるだろう。これらの特質は正反対のもので、一方は都市の熟練工の偏見を抱いているし、他方は地方の治安判事の偏見を抱いている。それぞれの集団は、自分たち独自の話し方をするから、互いに話が通じなくなるだろう。こうなると不道徳な議員たちだけがのさばることになる。こういう連中は、汚い手段を使って当選し、おそらくは、買収への投資を元手にして大もうけするだろう。代表者の大多数が本質的に穏健で目立った違いがなく、階級的な偏見から免れている場合にだけ議会政治が成立するということが正しいとすれば、この超民主主義的な議会では議会政治を維持できない。というのも、議会では、〔地方の地主の代表と熟練工の代表という〕二種類の道徳的な暴力と〔パブの代議士という〕一種類の不道徳的な暴力の代表者たちが目立つようになってしまうからである。

次にヘア氏(12)の構想であるが、私はこれを超民主主義理論と同列に置くつもりはない。この構想には、誰でもロマンをかき立てられるにちがいない。〔ヘアのような〕いかめしい老齢の法律家たちや〔ミルのような〕円熟の域に達した哲学者たちが、これほどまで見込みのある構想を打ち出すと、世界が若返ったように思えてくる。いつもなら、こういう人たちは若者に冷や水を浴びせる側にいる。若者の名案に対して、それは根深い問題を孕んでいて、大昔に失敗した計画の繰り返しにすぎない、だから、われわれは、すでに証明されたきわめて常識的な結果で満足しなければならない、などと説いたりするのである。ところが、ヘア氏とミル氏は、最高に幸せな気分に浸っている情熱的な若者と同じように、自分たちの構想を、大きな興味深い成果をもたらすものとして論じている。

ヘア氏の構想については、新しさを理由に実現不可能だとする考え方があるが、私はこれを重視していない。もちろん、この構想が実行できるようになるには時間がもっと必要である。幸いなことに、この種の大変革を性急に実現することはできない。自由な国民の場合は、理解した後でなければ新しい制度を導入しようとしないから、その制度で混乱に陥るということはありえない。しかし、仮にヘア氏の構想が、その支持者が主張している通りのことを実現するのであれば、あるいはその半分でも実現するのであれば、そのために努力する価値はあるだろう。ただし、〔一〇〇年後の〕一九六六年までは導入しないとしての話である。(13) それまでは、何度も何度も文書にして、この構想の原理を多くの人々に知ってもらうべきである。さらに言えば、文書にするよりも、小さな予備実験を少しずつ繰り返す方がいっそう効果的である。ヘア氏の構想以外の選挙制度を見ると、退屈でうんざりするものばかりである。このことは私も十分に承知している。だから、私としても、仮に可能であるなら、ヘア構想の信者たちと同じように救われた想いをしてみたいところである。彼らがあらゆる障害をそっちのけにして、この魅惑的な計画がもたらしてくれるほとんど理想的と言える未来を期待するときに感じている想いをともに抱きたいものである。

ヘア氏の構想を本人が提示したような入り組んだ形で取り上げても、満足のいく議論にはならない。ヘア氏が細かいところまで念入りに具体化した構想は、普通の人間にはすぐに理解できない。ヘア氏がこの構想によってどんな成果が得られるのかという点を示すことにこだわりすぎたので、その構想が本来どんなものなのかについて、ほとんど誰もがわからなくなってしまったのである。ある人が言ったように、ヘア氏の構想は、「本人もこれを二日続けて覚えていられない」ほどのものなのである。とはいえ、私が感じている問題点は、構想の細部にあるのではなくて、もっと根本的なところにある。

選挙区を作るには、二つの方法がある。第一に、イギリスやその他ほとんどの国で採用されている方法で、法律で選挙区を定める方法である。法律によって、これこれの資格があれば、Xという選挙区での選挙権が与えられ、そうした資格を満たす人がXという選挙区の有権者になる。これは法定選挙区と呼べるもので、誰もがよく知っている。第二に、有権者が任意で選挙母体を結成してよいと法律で定める方法がある。次のような法律を定めればよい。この国の成年男性全員に、あるいは読み書きができる成年男性に、または五〇ポンドの年収のある者に、その他どんなふうに決めてもよいが、とにかく何か資格を定めて投票権を与える。次いで、有権者たちに好きなように集団を作らせる。たとえば、庶民院議員選挙の有権者が六五万八〇〇〇人いるとしよう。立法府は、次のように言うことができる。「どのように仲間を作ってもかまわない。所定の日に、各人がどの集団に所属して投票を行う予定なのかを届け出なさい。もし、有権者全員が自分の票を最大限有効活用するような届け出をするなら、各集団はどれもちょうど一〇〇〇人になるだろう。しかし、法律が必要な人数を定めるべきではない。いちばん数の多い団体から六五八番目までを選抜していけばよい。二〇〇〇名の団体だろうが、一〇〇〇名、九〇〇〇名、八〇〇〇名だろうが問題はない。何名でも、多い順に取っていけばよい。こうすれば選挙区ができる」。これを任意選挙区と呼ぼう。上述のものは、そのもっとも単純なしくみである。ヘア氏が提示したものは、これよりもずっと複雑なしくみであるが、任意選挙区の長所と短所を示すには、この単純な形態がいちばんよい。

この原理が持っている魅力は、とてもわかりやすい。法定選挙区の場合には、少数派の投票が無駄になってしまう。現在、ロンドンにはトーリー党員がたくさんいるが、選出議員は全員ウィッグである。だから、ロンドンの全トーリー党員から見れば、法律上も原理上も、代表を正しく選出できているとは言えない。ロンドンは、トーリー党員が望んでいる代表ではなく、望んでいない代表を送り出している。ところが、任意選挙区制を採れば、一〇〇〇名をはるかに超えるロンドンのトーリー党員たちも、団結することで選挙母体を形成して、議員を送り出すことができるようになる。現行の多くの選挙区では、少数派の選挙権が実質的に奪われていて改善の見込みもない。私自身の場合、二〇年間農村部の州選挙区で投票してきた。私は自由党支持者である。しかし、私の選挙区では、いつも二名のトーリーが選出されてきた。私の生きているあいだは、同じことが続くだろう。今のままでは、私の投票はずっと無駄になる。ところが、私の選挙区や別の保守優勢の州選挙区の自由党支持者一〇〇〇名と団結すれば、自由党の議員を一名選べることになるのである。

さらに、この構想は、選挙区の〔有権者数の〕規模に関する難点をすべて解消してくれる。現在、リヴァプールはキングズ・リン[14]やライム・リージス[15]と同数の代表を送っているが、これは不当だと批判されている。しかし、任意選挙区構想に基づけば、リヴァプール〔の有権者〕はキングズ・リンにまで手を伸ばすことができるようになるだろう。キングズ・リンの少数派は、リヴァプールの自由党支持の少数派と手を結んで、一〇〇〇名を集めることができるようになる。他のどの場所でも同じことが可能になる。こうして、たくさんの人口を抱える多くの地域が、正当な利益と主張されているものを得ることになるだろう。すなわち、選挙区を任意に作ってよいことになれば、そうした地域では、選挙区をいちばん多く作ることができるようになるし、実際に有権者も作ろうとするだろう。

さらに、〔ヘア氏の構想によって〕著名な人物の崇拝者たちが、その人物を選出するのにふさわしい選挙区を作ることができるようになるだろう。現在の制度でも、ミル氏はウェストミンスターの有権者によって選出されている。(16) この選挙区に代表選出権が与えられて以来、これほど誇れる議員を送り出したことはない。とはいえ、ウェストミンスターの有権者たちが、いったいミル氏の何を知っているというのだろうか。有権者の一部でもよいが、彼らは、氏の思想のうち、どの部分を理解できただろうか。氏の天才的な資質の大部分は、多くの有権者の好みに合うようなものではないだろう。有権者は、ミル氏の知的な能力に敬意を示そうとしたが、彼らが崇拝していたのは、未知の神(17)――そんなものがこの世に存在するならば――と呼べるようなものだった。しかし、任意選挙区構想に基づけば、ミル氏の著作を研究し、その真価がわかる何千人もの人々の中から一〇〇〇名が、ミル氏の選挙母体になることも可能だっただろう。

他にも長所を挙げることはできる。それでもやはり、私はこの構想を勧めるわけにはいかず、反対せざるをえない。以上の長所を帳消しにしてしまっている欠点とはどんなものだろうか。これに対する私の答えを言おう。任意に選挙区を作る方法は、ちょうど先ほど論じた議会政治に不可欠の前提条件と相いれないように思われるということである。

任意制度の場合、政治に危機が生じるのは、議員を選出するときではなく、選挙母体を作るときである。アメリカでは、すでに大統領製造業が商売になっている。任意制度の構想を採用すれば、イギリスでも選挙区製造業が商売になりそうである。どの政党も、有権者の数をめぐる問題を解決する必要が生じる。政党指導者たちはこう言うだろう。「我が党は三五万票を確保した。ここから三五〇議席を獲得するために慎重にやらねばならん」。その唯一の方法は、組織化である。自由党の選挙区の一員になりたいひとりの有権者がいたとしよう。この場合、彼が自分自身で一〇〇〇名の自由党支持者を集めようとしてはならない。一万通の手紙を書いてそれをねらっても、一〇〇〇名の選挙人集団を作るのがやっとだとおそらくわかるだろう。この一〇〇〇票は、選挙区としては小さすぎるのですべて無駄になる。この自由党員は、パーラメント街[18]にある有権者登録協会に手紙を書いて、協会の腕ききの管理者と連絡をとるべきなのである。そうすれば、彼の票はただちに有効活用されることになるだろう。協会運営者はこう言うだろう。「少し遅すぎました。グラッドストン氏の票はすでに一杯です。氏は昨年、一〇〇〇票に達しました。新聞で目にする方々の大半も同じです。候補者のどなたかが優れた演説をするとすぐ、「あの方の選挙区に私を入れてほしい」と書かれた手紙が山のように送られてきます。しかし、それに応じることはできないのです。候補者名簿をご覧ください。もしあなたの投票を無駄にしたくないなら、私たちに従っていただきたい。名簿には、十分に満足していただけるジェントルマンが三人名を連ねています。特にその中の一名はオナラブルの敬称[19]がつきます。この中のどなたでも結構です。それでよければ、あなたの名前を登録いたします。それとも、票が無駄になるのを承知で、勝手に投票なさいますか」。

こうした組織の結果は明らかで、選ばれるのは主に党派的な人物ということになる。こういう議員製造業者たちは、独立不羈の候補者ではなくて、隷属的な候補者を探し求めるだろう。そうしたからといって、非難されることはまずない。彼らは、自由党のために働く代理人である。だから業務を委託した依頼人〔自由党〕の希望を察して、その希望に従えばよいのである。自由党員の大半が、政策Aと政策B、政策Cを希望していたとする。票をうまく割り振ることに通じた有権者登録協会の管理者は、大忙しである。「これが我が党の政策一覧表です。もし我が党からの議会入りをお望みなら、これに賛成してください。ロイド氏が作成しました。この方はずっと鉄道関連の仕事をしていました。しかし、この新しい投票制度が成立して以来、我が党に参加するようになったのです。よくできた一覧表です。これに決めてください。そうすれば、うまくいくでしょう」。この〔理論上は〕任意の選挙区構想を採用すれば、〔実際には〕現在とは比較にならないほど厳しい拘束具でがんじがらめになった議員たちの集団ができるだろう。

まとまりを欠いた民衆でも、組織化された民衆の行動に何らかの形で対抗できるだろうと期待している人は、アメリカの大統領がどのように選ばれているかを考えるべきである。そのしくみは、市民全般が自分自身でもっとも好ましいと考える政治家に投票するはずだという想定に基づいて構想されている。しかし、こうした投票を行っている人はひとりもいない。人々は、「コーカス」(20)が選んだ公認候補者に賛成票を投じている。コーカスは、一種の代表者会議になっている。この会議では、何かと批判的に話題になることが多い著名人たちがすべて除外されるまで投票が繰り返される。こうして、何も知られていないために批判点もわかっていない無名の人物が、候補に選ばれることになる。コーカスやそれに当たる組織がもたらす弊害は、大統領の製造以上に、イギリスにおける選挙区製造の場合に大きいだろう。なぜなら、重大な局面になれば、アメリカ国民はよく知られたひとりの優れた人物をしっかりと見きわめることができるが、イギリス国民が、六五八名もの優れた人物を〔庶民院議員として〕見定めて選出することは不可能だからである。そんなに多くの人物のことはわからない。わかっていたとしても、票の割り振りが難しくてうまくいかないだろう。

このように党の選挙区管理者の指示に従うことで、どうにか一般の有権者は選挙区の一員にうまく入り込むことができて、無名の候補者もどうにか選挙区を確保できる。それでも中には、こうした動きから独立した有権者や候補者もいるだろう。イギリスには、自分たち自身で即座に一連の選挙母体を形成すると思われる組織がある。非国教徒の礼拝堂はどこも、任意選挙区構想が一般に伝わる三ヵ月前から選挙事務所と化すだろう。(21)国教会の方は、この構想の習得に時間がかかって、その活用も〔非国教徒よりも〕ずっとぎこちないだろうが、それでも習得は進んでいくだろう。現在、非国教徒は、自由党において非常に活発で重要な部分となっている。しかし、任意選挙区構想の下では、自由党の一構成要素であることをよしとせず、党から離れて別組織になるだろう。私たちは現在、各都市選挙区をグループ化する方策[22]を提案しているが、任意選挙区になれば、非国教徒は礼拝堂同士の団結を進めるだろう。タビストックやトトネス[23]、その他の各教区が連合して、バプティスト集団[24]としての代表を出すことになるだろう。

先ほど示したように、議員の大多数が穏健な感情の持ち主でなければならず、そうでなければ穏健さを欠いた内閣を選出して過激な法律を作ることになる。このことをふまえていないと、任意選挙区制がもたらす影響は十分に理解できない。しかし、提案されている構想だと、庶民院は、政党の委員会が選んだ党派的な政治家の集まりになってしまう。彼らは、この委員会に束縛され、政党の横暴に従うことを誓約し、イギリス各地のあらゆる「主義」を典型的に体現した議員、つまり、中庸を欠いた議員になってしまう。私たちが手にするのは、穏健で思慮分別に富んだ議員たちが作る熟慮の議会ではない。ありとあらゆる種類の横暴が寄せ集まった集団である。

単なる風刺画を描いているように思えるかもしれない。しかし、まだ最悪の状況までは描いていないのである。たしかに、この〔党の主義を盲信する〕議員たちの質は低い。ただし、この議員たちも、自由な議会の中で自由な行動が許されるなら、政治的な危機に直面した場合には、責任をしっかりと持つようになって政治家として向上し、少しましな議員になる可能性はある。しかし、それでも議員たちの自由にはさせてもらえない。任意選挙区は、ほとんど常に専制的な選出母体になるだろう。まじめな人々が自分たちの真剣さを議会で代弁してもらうために議員を選ぶような、いちばんまっとうな選挙人集団であっても、議員がきちんと代弁しているか見守るだろう。議員たちは、非国教徒の会派の牧師に似てくる。こうした会派ができているのは、教義が同じだという一体感のおかげである。だから、説教師の任務はこの教義を説くことであって、これを怠ると解任される。〔／〕

今のところは、議員たちは自由である。なぜなら、選挙区がそれほど熱心でないからである。どの選挙区も、激しく先鋭的な政治的教義を持っているわけではない。選挙区は法律によって、地理的な区分に即して作られた。信条の緊密な同一性による集団ではない。選挙民は、特定の政治的教義に対する漠然とした好みを持っているが、それ以上のものはない。しかし、任意選挙区の場合には、特定の教義を看板にした教会のようになるだろう。代表者は強制委任の受託者となり、選挙区の決定を伝えるだけの代理人となるだろう。非国教徒の会派の場合、ひとりの傑出した牧師が会派を支配することもときにはあるが、一〇〇人中、九九人の牧師は会派に支配されている。それと同じように、ひとりの著名な人物が選挙民を支配することもあるだろうが、その議員以外は、全員が選挙民に支配されるだろう。

こうして、質の高い任意選挙区が選出する議員は、選挙母体の質が高いことが理由となって、これにすっかり隷属してしまう。しかし、質の低い任意選挙区の場合、議員は、選挙母体の質が低いことが理由となって、これへの隷属は、なおさらひどいものになる。任意選挙区製造業者たちは、自らの手に専制的な権力を握り続けることになるだろう。アメリカの政治家は、人形遣いと笛吹きの二種類にわけることができるが、任意選挙区制の場合にも、議員は、臨時の笛吹き、しかも無力な笛吹きとなるだろうし、選挙区製造業者は、陰の人形遣い、つまり常任の独裁者となるだろう。選挙区製造業者は、議員に次のような手紙を送る。「貴殿は「自由党公認候補者名簿」に基づいて選出された。もし、この名簿に背くようなことをすれば、再び選出されることはない」。並みの神経の人間であれば、これ以上の言葉はいらないだろう。自力で選挙母体を作ることは、もぐらが星を作ることくらい不可能なことだからである。

〔選挙母体や選挙区製造業者が議員を支配しようとする〕こうした企みは、七年任期の議会に対しては無力だ、という議論もたしかにあるだろう。一度選ばれると七年の任期があるのだから、熱心な選挙母体の抗議や陰の操り師による呪いの言葉などは無視できる、というわけである。しかし、任意選挙区制度を採用すると、議員の任期はすぐに短縮されることになるだろう。熱心な選挙母体であれば、選挙が頻繁に行われることを要求するだろう。彼らは、自分たちの力を長いあいだ手放すことを好まない。選挙の時点で誰も想定していなかった状況が生じた場合に、自分たちの期待に反する形で自分たちの力が利用されたら、彼らは憤激するだろう。議員の任期が七年の議会では、多くの場合、ある時期の政治状況の中で選挙が行われ、そういう議会が、次の別の状況の中でも続き、さらにその次の政治状況の中で解散に至る。こうした変化があっても、法律によって強制的に作られている選挙区で不満が出ないのは、何か熱心な意見で結集しているわけではないからである。選挙民は、自分たちが与えた権力が予想できない形で使われても気にかけたりしないのである。しかし、強い意見を掲げて自力で形成した選挙母体、言わば、使命感に燃えた選挙母体の場合、選挙民は黙っていない。彼らは異議を唱えるのが当然の義務だと考えている。他方、巧妙な操り師たちは一言も発しないが、彼らの場合には、この沈黙がよりいっそう強烈な異議の表明になるだろう。この二者が一緒になって毎年選挙を押しつけ、議員を徹底的に支配しようとするだろう。

こういうわけで、ここで論じたような簡易な形で任意選挙区構想が採用されるなら、議会の穏健な性格も有権者からの独立も保てなくなってしまう。すでに示したように、これらは議会政治をかろうじて存続可能にするための不可欠の条件である。任意選挙区の原則に則したままでいっそう複雑な形にしても、同じ批判は免れない。第一原理に疑義が出ているのだから、細かな議論をいくら積み重ねても無駄なのである。これまで述べてきた推論が正しいなら、法定選挙区こそが必要な選挙区であって、任意選挙区は破滅的である。票を任意に委譲できるしくみは、有益であるどころか、破滅的な変革である。

以上、ヘア氏の構想と超民主主義理論について細かく検討してきた。その理由は、ヘア氏の構想の場合は、知的な点で非常に興味深かったからであり、超民主主義理論は、実現可能性という点で興味深かったからである。しかしそれだけではない。これらの構想が、議会政治の少なくとも二つの条件を浮き彫りにするのに役立つ、という理由もあった。議会政治が最低限の機能を果たすためには、上述した諸性質が不可欠である。しかし、これが十分に機能するためには、さらにいくつかの前提条件が不可欠になる。すでに論じたように、庶民院が十分に機能すると言えるには、五つの機能を十分に果たさなければならない。つまり、内閣の選出、立法、国民教育、国民の意志の表明、政治問題の国民への提示である。

ただし、このことを論じ始めると、この問い特有の難問にぶつかることになる。すなわち、「十分に」とはどういう意味か、これを判断するのは誰か、知識人たちなのか、後世の評価なのか、あるいは外部の権威なのか、という難問である。私の答えはこうである。判断するのは知識人でも後世でも外的な権威でもなく、今ここにいるイギリス国民である。

自由な統治とは自治である。国民による国民の統治なのである。だから、最高の自由な統治とは、国民が最高だと考える統治ということになる。上から押しつけられた統治、たとえば、イギリスによるインド統治のような場合には、相当優れた統治が行われる可能性が高い。被支配者側以上に優秀な国民の見識を反映した統治になることもあるからである。しかし、押しつけられたものだから、それは自由な統治ではない。自由な統治とは、その統治に服する国民の自発的な選択を通じて行われる統治である。自由な統治と言っても、たまたま集まってはいるがまとまりのない国民によって唯一可能なのは、民主政的な統治である。誰も他人について知らず、気にかけることも尊敬することもない国では、国民全員が平等な立場に置かれることになる。その結果、どんな人の意見であっても、別の人の意見以上に説得力を持つものとして見なされることはない。しかし、すでに説明したように、恭順の習慣がある国民は、独自の構造を持っている。他の人々以上に賢明な人々が存在している、という点で国民全般が同意している。賢明だとされる人々の意見が、数字上の価値以上にずっと高い価値を持っているという合意がある。こういう幸福な国民は、票の数を数えるだけでなく、その価値も量る。〔／〕

他方、不幸な国民は、票を数えることしかできない。しかし、自由な国民の場合、物事を決めるには、票の価値を量るか、数を数えるしかない。完全な自由な統治は、投票結果に基づいて完全な決定を下す統治である。不完全な自由な統治は、投票結果から不完全に決定を下す統治である。悪しき自由な統治は、投票結果をまったく考慮せずに決定を下す。世論が、自由な統治という政体の試金石である。最良の世論は、恭順の習慣に従って国民が受け入れる意見である。自由な統治が、こうした世論に基づいて運営されるなら、いろいろな自由な統治の中でも、よい統治ということになる。こうした世論に背くなら、悪しき統治である。

この規準で評価するなら、庶民院は内閣指名の仕事を十分にこなしている。庶民院は、国民が望む指導者たちを選出しているのである。そうしなければ、言論や出版が盛んなこの時代、すぐに国民に知れわたってしまう。自由党のある大物政治家が、「不平不満を募集中という宣伝を出さねばならん時代がやってくるとは」と言っているのを聞いたことがある。* そういう不平不満も、もし、議会によって指名され支持されている内閣が国民から嫌われているなら、とても意義のあるものだろう。こんなときには、現政権に対する反対連盟がただちに結成されるだろう。そしてすぐさま、反穀物法同盟以上の大勢力になって、成功を収めることになるだろう。

*これは一八五八年の発言である。

議会は力強い政権を作り出していないから、議会による政権選択の仕事は失敗していると批判されてきたことはたしかである。また、ある重要政策に対して、世論が明確に定まっておらず、そのため、議会における各政党の勢力がほぼ伯仲しているような場合、個人的な私利私欲や気まぐれによって議会が政権を変えるということもたしかにしばしば生じている。議会が、どの大臣も十分には信頼していないのに、それに続く不信任決議に関しては、どの大臣に対しても執行を猶予してしまうということもあるだろう。しかし、私の考えでは、第二次パーマストン政権の経験は、これらの懸念が誇張されていることを示している。〔〕

国民がひとりの政治家に政権を託そうと決めている場合は、議会もそれに従うものである。一八五九年、どちらの政党も内部で割れていたが、それはほぼどの議会でも起こりそうなレベルのものだった。大多数の自由党議員は、パーマストン卿をあまり歓迎していなかったから、彼を政権の座から引きずり下ろす計画があれば、喜んで協力しただろう。ところが、議会外の国民に働いたのと同じ力が議会でも働いた。パーマストン政権を嫌う先鋭的な議員はどちらの党にもいたが、両党の穏健派議員たちが、パーマストン政権が最善の政権だと確信し、この政権を支持したのだった。したがって、この決定的な例からわかるように、両党の議員数が接近していて、大蔵省の予算の計算のように、どちらが多数かはっきりとはしていなくても、「共通要素」とでも呼べる議員たち、つまり、政党は違っていても同じ考え方をする議員たちが支持する政権であれば、権力は維持されるのである。もし幸運にも、内閣が自らの知力と魅力によって、議会の大半を占める中道派の支持をつかむことができるなら、卑劣な陰謀が企てられたり浅ましい派閥の策動があったとしても、政権は存続していく。

全体としてみれば、政権の選出という議会の仕事は、世論の期待通りにきちんと行われていることに議論の余地はないと思う。さらにレベルを上げたいと思うのであれば、まずしなければならないのは、議会をそういうレベルにしている国民をもっと向上させることである。立法の仕事に関しても、実質的な部分は同様に言ってよいと思う。イギリスの立法の仕方には、たしかにうんざりさせられるところがあるし、そうした仕方を定着させているしくみも不愉快なものである。全院委員会[25]は、長ったらしい法案の各条項を念入りに審議しているし、またそうしようと心がけている。これなどは、見当違いの激務というものの見苦しい見本である。委員会は間違いなく、法令の中にいくつかの条項をむりやりねじ込むことになる。こういう法令は、ある判事の言葉を借りれば、「おそらく、天から立法府の考えの中へ勝手に降ってきたんじゃないか」というような代物になる。そうした条項の前後左右どこを見ても、関連性のあるところはほとんどない。こういうときに、公衆の集会特有の欠陥が露わになるのである。この欠陥は、必要な対策によっても抑えることができない。ところが、イギリスの立法府の本質は、こういう欠陥とは無縁でいられる。後で論じる二つの重大な欠陥[26]はあるものの、議会は国民の希望通りの法律を作っていると思われるのである。

三〇年前はそうではなかった。国民の身の丈は制度に合わなくなっていて、身動きできなくなっていた。その様子はまるで、子どもの頃の服を着た大人だった。手足はもっとゆったりさせたかったので、どの服も新調する必要があった。エルドン卿[27]は当時の言葉遣いで、「ちきしょう、もう一回人生をやりなおせるなら、煽動家になってやる」と言っている。この目敏い老人は、古い世界にあれこれと反対する人間の生き方が、いちばん具合のよい生き方だと見抜いたわけである。もっとも、ご本人は古い世界が大好きで、それをよいものだと信じ込んでいて、他の世界など想像もできなかったのだが。しかし、今だったらエルドン卿もそうは言わないだろう。今の時代、煽動以上に割の悪い商売はない。演説で何かに不満を言い立てても、聴衆はひとりも集まらない。今日では、議会は、知性面と政策面において(先に挙げた例外はあるもの[28]の)、議会政治の成立に欠かせない適度な穏健性を保っている。しかも、その穏健さは、イギリスの国民全般がいちばん支持している度合いの穏健さを、非常に正確に反映したものになっている。議会が穏健でなければ、国民は議会政治を認めないだろうが、国民は議会政治を認めている。それどころか、国民はこれを歓迎してもいる。国中に〔議会政治に対する〕満足感が行き渡っているのである。なぜなら、自分たちの希望通りのものが得られていると国民の大半が感じているからである。

ただし、例外が二つある。第一に、議会は、地主層の意見に偏りすぎている。牛疫予防法は、この欠陥の際立った例である。この法律の細かい点についてはよいところも悪いところもあるだろうし、その政策として賢明なところも愚かなところもあるだろう。しかし、庶民院において、この法律を大急ぎで通過させたやり方には、専制政治の趣きがあった。綿製品やワインの業界だったら、どれほど危機的な状況にあっても、あんなやり方で支援を受けることはできなかっただろう。ところが〔牛疫予防法の場合は〕、庶民院は制止の声にまったく耳を貸さなかったし、議論もすべて無視した。いちばん多くの議員たちが心配していたのは、自分たちの収入だった。イングランドでは、土地所有者が、毎年多くの州選出議員を輩出している。こうした議員の議席は、イギリス国制によって与えられている。その一方で、地主層は、他の階級には議席を与えないで、むしろ他の階級から多くの議席を取り上げている。おかしな話なのである。イングランドにおける都市選挙区の半数は、かなりの数の地主たちが代表に選ばれている。彼らは、牛疫のときのように、地代が問題になると、自分たちを議会に送り出している〔都市選挙区の〕選挙民をなおざりにして、自分たちのことを考える。数の上でも、庶民院の地主ジェントリ(29)は他のどの階級よりもはるかに多数を占めている。さらに、地主たちは、相互に緊密な関係を築いている。彼らは同じ学校で教育を受けていて、幼少期から互いの家名を知っている。同じ社交界に属して、似たもの同士で、同じ階級の女性と結婚する。〔／〕

他方、議員の中でも、商人や製造業者の場合は、雑多な集団である。教育を受けた場所はそれぞれ違っているし、教育を受けていないこともある。たたき上げの新参者を世襲の世界への侵入者と見なす貿易商の二代目もいれば、たたき上げの人物もいる。たたき上げの人の場合、〔貴族ではなく、かつ〕自分の力で築き上げたわけでも増やしたわけでもない財産の継承者たちを、知力の面でも地位の面でも自分より下だと思っている。なぜなら、頭の出来では自分よりも劣るし、爵位がないため、貴族にも劣るからである。商人たちには団結の絆がない。また交際の習慣もない。商人の夫人方は、社交界に興味を持つ場合には、同じ商売人の夫人方ではなく、彼女たちが言う「上流の方々」のお目通りを望んでいる。こういう人々は間違いなく地主夫人であり、爵位持ちの夫人であれば、願ったり叶ったりである。〔／〕

抽象的な書物からではなく、ロンドンの現実の政界に接して議会のしくみを学ぶ者にとっては、地主層がきわめて強力でありながら専制的でないことは驚きではない。仮に地主たちが利口なら、あるいはその代表者たちが利口なら、専制的になるだろうと思う。ところが、地主を愚か者にするしっかりしたしくみができているのである。州選挙区は、地主を選出している。これは自然なことだし、またおそらくは賢明なことでもある。しかし、この選挙区から選出されるのは、その州の地主にかぎられる。これはおかしな話である。農村部の人間の頭には、自由貿易という考えがない。つまり、他の州選挙区から有能な人材を輸入するということが、どの州選挙区でも禁じられているのである。ボリングブルックやディズレイリ[30]のような疑り深い弁士が、疑うことを知らないトーリー党員たちの指導者になることが多かった理由は、ここにある。彼らは、特定地域に広大な土地を持つ人々をうまく取り込もうと目論んでいる。もちろん、この地主たちは、自分自身で演説を行う能力がないことも多いし、自分の頭で考える能力がないこともしばしばである。こうして、口の達者な人物が、党をあざ笑いながら党を指導するようになる。つまり、地主層は本来持つべき以上の影響力を持ってはいるが、その力が浪費されているので、（牛疫のような）特別な事態でも起こらなければ、その過剰な力も大した重要性を持つことはないのである。

同じ問題をいわば反対側から述べてみよう。議会は、イギリスの発展的な地域を軽視しすぎていて、停滞的な地域を重視しすぎている。昔は、イングランド南部は、イングランドでいちばん快適な地域だっただけでなく、いちばん繁栄した地域だった。デヴォンシャーは、イングランドの代表制の基礎が確立した頃、海運業で大いに栄えた州だった。サマセットシャーとウィルトシャー(31)は、その頃手工業で繁栄していた。イングランド北部諸州の過酷な気候は、粗野で厳しい性格の人々を作り出した。また、人口も少なかった。一八三二年以前の議会がトレント川(32)以南のイングランドに与えた過剰な優越性は、のちに失われて緩和されることになったが、この地域はいまだに優越性を保っている。たしかに昔は、この優越性は、財産と知性において現実に見合うものだった。ところが、周知のように、現在では状況はすっかり逆転している。しかも、日々悪化の一途を辿っている。〔〆〕

現代の商取引の本質は、持たざる者から取り上げて、持つ者に多くを与えるということにある。製造業は、製造業が盛んな地域に集まる。なぜなら、そこで、そこでだけ、製造業に関係する補助的な産業が見つかるからである。鉄道が敷かれるとどこでも、商取引は小さな町から大都市へと移っていく。なぜなら、消費者が、鉄道を利用して都市で買い物ができるようになるからである。年々、北部(大ざっぱに、新興の工業世界と呼んでおこう)の重要性が増し、南部(古き時代のよき遺物とでも言おうか)の重要性が減っている。現在の議会の基本構成は、かつて偉大だった地域に大きな権限を与えて、現在偉大である地域に同じだけの権限を与えるのを拒否するものになっていて、ここに重大な欠陥があるのである。

私の考えでは(あまり世間一般には知られていない意見なのだが)、選挙法を改正せよ(33)という要求の大部分は、以上の不平等に原因がある。偉大な事業経営者であるブライト氏や彼の同志たちは、自分たちが労働者のことを思って労働者の発言権の増大を要求していると心から信じている。ところが実際は、ブライト氏らは、自分たちの権限の増大を要求しているのである。このことは、きわめて自然かつ適切なことである。裕福で有能な製造業者が、それほど裕福でもない愚かな地主よりも軽く扱われている。この現状に、製造業者たちはもう耐えられるものではないし、また耐えるべきでもない。〔／〕

ブライト氏が推進している政治的平等の観念は、政治思想が生まれたときからあったし、そのときから熱心な反論も受けてきた。しかし、それでもこの考えは政治社会が続くかぎり主張され続けるだろう。なぜなら、これは、人間本性の中でずっと消えることのない原理に基づいているからである。エドマンド・バークは、東インド会社の幹部について、「ひとり残らずジャコバンだ」と言った。なぜなら、彼らは、自分たちが「実際に所有する財産にふさわしい重み」を与えられていると感じていなかったからである[34]。不満を持つ階級、持つべき権力を持たない階級が存在するかぎり、この階級は、万人に平等な権限が与えられるべきだという考えに飛びついて、この考えを見境なく信じ込むだろう。

私は、労働者階級が現行の代表のしくみから排除されていることを、イギリスの代表制の今取り上げている面〔実態に即した権力の付与〕での欠陥だとは考えない。労働者階級は、国全体の世論の形成にほとんど何の貢献もしていない。だから、議会に彼らの影響が及んでいなくても、世論と議会〔の意見〕との一致は損なわれていない。労働者階級は代表制から除外されているが、代表されているもの〔世論〕からも除外されているのである。

また私は、貴族の家柄に属する者が一定数の議席を占めていることが、議会と世論との一致を妨げているとも考えてはいない。貴族の直系の子孫や傍系の親戚縁者が、庶民院議員の中でかなりの部分を占めていて、その割合が全国民に占める貴族関係者の人数から考えても大きすぎることはたしかである。しかし、こういう人々に、〔爵位を持たない〕地主ジェントリたちとは別の団体を作るような〔独自の〕性格が少しでもあるとは思えない。また、ジェントリたちと異なる貴族共通の意見を持っているとも思えない。彼らの意見は、自分自身が生まれた有産階層の意見である。これまで、イギリスの貴族層が他の階級とは別の〔排他的な身分としての〕カーストだったことはないし、今もそうである。他の地主ジェントルマンが持とうとしないものを、彼らも持とうとしてはいない。だから、とりあえず誰かを地主ジェントルマン代表として庶民院に送ろうというのであれば、何らかの高い地位にいる人物を数多く送ることが望ましい。〔／〕

イギリスが、多数者の胸を打つ尊厳的部分と、多数者を実際に支配するための実効的部分という二本立ての制度を維持するかぎり、この二つが絶妙な関係を保って、それらの境目が漠然としたままであるように配慮すべきである。これは、政体の尊厳的な部分に比較的重要でない権限を与えることで一部達成できるが、政体の実用的な部分に貴族的な要素を維持することも、同様にその助けになる。実を言えば、恭順の本能が、尊厳的部分と実効的部分の両方を守ってくれるのである。貴族階級は、「選挙区」における一大権力なのである。選挙民の半数は、オナラブルの敬称が付く人物や準男爵に惚れ込んでいる。おそらく、〔イングランドの伯爵ではなく〕アイルランドの伯爵でも、本物の伯爵であればなおさらである。他によい条件でもなければ、製造業者の息子は、こういう人物に太刀打ちできない。地域社会に恭順の感情が実在するということは、貴族と貴族でない人のどちらかを自由に選べる場合に、尊敬を受ける者が実際に選ばれることで証明されている。

これまで私が取り上げてきた二つの欠陥は、比較的小さなものだが、それでも取るに足らないものというわけではない。しかし、これらの欠陥を持ちながらも、イギリス議会は、行政府の選択者としても、立法府としても、国論となっているものに十分きちんと従っている。国民が自分たちの意見を法律ではなく言葉として示すよう、議会に求めることがある。そういう場合でも同じように、そして同じ例外はあるにせよ、議会は言葉で示されている国民のそうした意見をきちんと表明している。対外問題では、立法はできない。〔しかし〕デンマークやイタリア、あるいはアメリカのどこでもよいが、世界で生じた重大事件に関して、イギリス国民が考えたこと、あるいは考えたと思っていることは、それが賢明な考えであろうとそうでなかろうと何であれ、それと同じことを、議会は物の見事に言い表すのである。このいわば、議会の叙情的機能は、きちんと果たされている。議会は、イギリス国民の特徴的な心情を特徴的な言葉で表明している。議会は、これを大いに有益な形で行えているのである。〔ノ〕

現在、自由な統治はヨーロッパではきわめて珍しい。アメリカにはあるが、〔ヨーロッパからは〕あまりに遠い。だから、自由なイギリス国民の世論は、不完全で間違いが多くて早とちりの意見ではあるが、それでも計り知れない価値を持っている。イギリスの世論は、ひどく間違ったものであるかもしれないが、独自の意見であることはたしかである。もし世論が間違いのないものなら、そこにはきわめて重要な内容が確実に含まれている。というのも、それは、自由な国民が、遠い世界の事情について見聞したり学んだりして生まれたものであり、そういうものとして唯一の第一級品だからである。イギリス国民は、大陸諸国の官僚なら熟知しているような多くの細かい問題を見落とすにちがいない。しかし、大陸の官僚たちが見落とすような根本的な真理を、イギリス国民が見てとっている場合には、そうした根本的な真理は、世界の大いなる救いとなるかもしれない。

議会はこのように、例外があるにしても、政策や演説を通じて世論を適切に体現し表明している。しかし、そうだとしても、世論の向上という点で、議会は同じように成功しているわけではないということは、認めなければならない。私の考えを率直に言うとそうなる。教育という仕事に関しては、議会の仕事ぶりは最悪である。現状では、この欠点が強調されるのも、おそらく当然のことだろう。議会の中で誰よりも立派な教師であり、国民の校長で、議会が国民を向上させる場合、その向上を促している人物、それが首相であることは間違いない。首相には影響力があって権威がある。首相は討論に格調を与えたり、品のない調子を与えたりできるが、これは他の人物にできることではない。ところで、パーマストン卿と言えば、彼は、長年にわたって変わることなく議事の進め方に意を用いていたのだが、その調子は、品のないとは言わないまでも、軽薄な調子だった。パーマストン卿の死後、いちばんの心酔者のひとりが話したところによると、卿は自分の話の意味を自分でもほとんどわかっていなかったし、また、聴衆がどのように受け取るかもほとんどわかっていなかった。パーマストン卿がはじめて庶民院の指導者になったとき、彼の気取った立ち振る舞いは評判が悪かった。まったく不評で、長続きしないだろうと予言する者もいた。ある老齢の議員が次のように言っている。「やれやれ。じきに彼は議会を教育して、彼なみに引き下げてしまうだろう。ウィットに富んだカニング流[35]でも、荘重なピール流でもなく、ハハッ！と冷笑するパーマストン流が庶民院のお好みになるのももうじきだ」。〔／〕

残念ながら、この予言が的中してしまったことを認めないわけにはいかない。これほど人気を博して影響力を及ぼした首相の中で、ここまで国民の記憶に立派な教訓を残さなかった首相は、かつていなかった。今から二〇年も経ち、その頃には薄れているパーマストンの思い出を問われたとしても、彼がどんな偉大な真理を教え、優れた政策として何を実現したのか、彼が同時代の人々を魅了し、後世の人々が後々になっても残したいと思う言葉として、どんな言葉があったのか、答えようがないだろう。しかし、次のようには言えるかもしれない。「パーマストンは、感じのよい礼儀作法を心得ていた。まっとうでしっかりした良識もあった。ある種、偽善的なところがあって不誠実ではあったが、私たちには、彼の言わんとしていることはいつもよくわかった。つまり、パーマストンは、姿形は上流社会の洒落者だったが、頭脳は統治者だったのだ」と。後世の人々には、こういう古びた思い出話はほとんど理解できないだろう。しかし、今の私たちには、この言葉の意味がよくわかる。庶民院は、こうした政治家の調子に感化されて、それ以前よりも国民教育の質が下がり、国民を向上させられなくなってしまったのである。

しかしながら、一般的に、また原則的に言っても、庶民院は、教えてもよい程度のことを教えていないし、国民全般が学びたいと思っている程度のことも教えていない。物事を正確に見ている人なら、そのように結論づけると思う。私は、庶民院で、きわめて抽象的な問題や高度に哲学的な問題、非常に難解な問題が論じられることを望んでいるわけではない。庶民院が行う教育は、一般国民向けの教育でなければならない。だとすれば、具体的で明確、かつ簡潔なものでなくてはならない。課題となっているのは、国民が理解できる範囲で最高の真理を押さえた上で、これを繰り返し説いて教えることなのである。たしかにパーマストン卿は、教えるということをしなかった。彼は、国民のレベルよりも低い議論をして、国民のレベルを下げてしまった。国民が強く反発するほど低級な議論ではなかったが、もうこれ以上増長させる必要のない俗物的傾向を強化させたり、減らす必要のない原理や理論への愛好に水を差したりすることによって、国民に損害を与えるほどレベルの低い議論だった。

たしかに、他国の議会と比べれば、そのどれよりも、教育効果の点で、イギリス議会での討論は群を抜いている。アメリカ議会の討論には、教育効果がほとんどない。討論から教育効果を奪っていることが、大統領制に特徴的な欠陥である。大統領制の場合、立法府での討論にはほとんど効果がない。というのも、立法府は行政府を追い出すことができないし、行政府は立法府の決議事項をすべて拒否できるからである。フランス議会*は、恥知らずにも専制的な権力を手に入れようとする帝政にうってつけの付属機関である。言論の自由がないという議会の主張はまったくその通りだが、その議会が帝政派に反対する勢力の足を引っぱっている。反対派の中の若干名が許されて雄弁をふるうこともあり、それが多くの場合、正しい主張であることは誰もが知っているが、そうした主張はいつも空振りに終わってしまう。イギリス議会の討論は、イギリス社会で固有の役割を果たしている。フランスのような飾り物の議会にはありえないことである。しかし、重要問題についての議論という点で、レベルが高い新聞と議会とを比べてみれば、議会での演説よりも記事の方に活気があり重みがある（もちろん、過度の誇張や曖昧な部分もあるが）と思うだろう。国民全般が高く評価するような活力があり、国民全般が聞きたがっている内容がある、ということである。

*もちろん、このフランス議会とは、帝政における議会のことを指している。

数年前、『サタデー・レビュー』[36]は、議会の能力は〔関税障壁に〕「守られている能力」

であって、年に最低二〇〇〇万ポンドの差別的関税を払える者にしか開かれていない、と論じた。この議論によれば、庶民院は、財産家の知性を代表しているだけなので、金持ちか否かとは関係なく知性だけを代表するために選ばれた立法府と比べて、知性面で及ばないことになる。しかし、私は、純粋な知性の代表というものを少しも望まない。それは本書の主旨に反する。議会はイギリス国民の世論を体現すべきである。世論を決定しているものとしては、知性よりも財産の方がはるかに大きい。これが私の主張したいことである。「ボヘミア」(37)の住人である「賢さを鼻にかける」人々は、イギリス社会で影響力を持つべきではないだけでなく、議会でも影響力を持つべきではない。議会に入ったとしても、ほとんど影響力を持てないだろう。ただし、最大限譲歩してこれだけは言っておこう。国民は、もう少しだけ知性を大切にしてはどうかと思うのである。議会には、頭の動きの鈍い議員が枝葉を広げているが、これを少し――ほんの少しだけ――刈り込んではどうだろうか。

議会の機能として考察すべき点がもう一つ残っている。先に述べた呼び方だと、報告機能である。議会や議員が果たすこの機能は、国民の前に、個々の階級の考え、不満、願望を示すことである。これを、先ほど論じた教育機能と混同してはならない。たしかに、実際の場面では、この二つは混ざり合っている。しかし、そうだとしても、定義する際にはきちんとわけることがきわめて重要である場合が多い。二つの事実が同時に見られるということがしばしば起こるが、このことは、この二つを別々に考えることの反対理由になるのではなく、むしろ別々に考えるべき理由になる。これらが、同時に見られないこともある。この場合、わけて考えるように訓練を積んでいなければ、どう考えてよいか途方に暮れることになる。教育機能は、国民の前に真に正しいことを提示するものであるから、最高の知性が必要とされる機能である。他方、表明機能は、いろいろな個々の考えを示すだけのもので、単なる特定の個々人の知性を表明する機能である。各階級には、それぞれに考えや願望や意向があって、一人ひとりの頭の中には、それらが染みついている。決定する立場にいる国民全般が、こういう党派的な考え方で自分たちの行動の方向を決めるべきではない。また、そうした考えに動かされて弁舌をふるっている人々は、政策の安全な導き手ではない。とはいえ、そうした人々の議論も傾聴されるべきである。こういう党派的な考えも、検討対象に入れられるべきなのである。〔／〕

現代の思想において大原則になっているのは、万事に寛容であれということばかりでなく、万事を吟味せよということでもある。味も素っ気もなく退屈で、成果の見込みもない事物を吟味することによって、近代の科学は現在の姿にまでなったのである。ある偉大な化学者についての話によると、彼の名声の半ばは、実験の後に廃棄予定になっていたものをいつも分析していたおかげだそうである。実験そのものの結果は周知のものだったが、しかし、廃棄物の中には多くの些細な事実や未知の変化があった。それらの事実や変化を探求することのできた人が、そこからヒントを得て、名を残すような大発見へと至ったのである。同じことが、これまで無視されてきた各階級独自の考えにも言える。真理の中には、いかに些細なものだとしても、他の真理の要素がすべて明らかになっているからこそ、現在の私たちが必要とするものもある。そういう要素が、各階級独特の考えには含まれているかもしれない。

この原則は、私たちの祖先もよく知っていた。彼らは、様々な選挙区に、あるいはその多くに特徴を持たせようと努力した。船舶業や材木業、リネン業のそれぞれが代弁者を持つべきであり、議会が党派的に偏らずに国民全体のための決定を下すためには、前もって国民の各分派の考えを知っておくべきだと考えたのである。〔／〕

ここに、労働者階級に議席を付与すべき真の理由がある。ただし、これは少なくとも、議会の構成がこの階級の参入によって改善されるかぎりにおいての話である。都市の熟練工のあいだでは、思想と感情がどちらも非常に多く生まれている。熟練工独自の知的な活力が噴出しているのである。彼らの考えでは、自分たちの利害が誤解されて無視されており、自分たちだけが知っていて、他の人々にはわかっていないこともあるし、議会の考えが自分たちとは違っている。議会を説得しようとしている彼らの努力を認めるべきである。他の階級の考えが表明されているのと同じように、彼らの考えも表明されるべきである。他の人々の代弁者たちに耳を傾けているのと同じように、彼らの代弁者たちにも耳を傾けるべきである。〔／〕

一八三二年の選挙法改正以前には、この目的を達成するための制度が認められていた。ウェストミンスターなどの選挙区の議員は、普通選挙(あるいは実質的にそうなっているもの)を通じて選出された。当時、そうした議員たちは、労働者階級の不満や考えや、あるいは、この階級の不満や考えだとされていたものを、たしかに代弁していた。一八三二年に選挙法改正が行われて、融通の利かない単一の選挙権が導入された結果、その他の問題とともに、熟練工の意見が代弁されないという問題も生じることになったのである。(38)

以上の点が改革されるまでは、庶民院は、貴族院とまったく同じように、欠陥を持ったままだろう。庶民院は、まっとうなものに見えないだろう。貴族院の場合、修正のための府として立派なものだと理屈の上では言えるだろうが、貴族が登院しないかぎりは、そういう言葉の上での話を実感させるのは難しい。まったく同じように、一つの大きな階級が、政治的にあちらこちらで結集し、政治的な思想や願望を持っていることがわかっていながら、その代弁者だと広く知られ、誰が見てもその階級の代弁者だとわかるような人物が議員に見当たらなければ、イギリスの代表制は適切だと理屈の上では言えたとしても、世間は信じないだろう。一八世紀のことわざに、政治の世界では「目立っているものだけが重要な現実」というのがある。労働者階級は不満を持っていないとか、中流階級は労働者のためにできることはすべてやってきたと論じても無駄である。新聞に書かれていて暗唱できるほどになっているので繰り返す必要もないような議論であるが、そういう議論を山のように積んでも同じである。熟練工たちの願望を代弁する明確で継続的な代表を持たないということが「目立っているもの」であるかぎり、「重要な現実」とは、不満が広がっているということになってしまうのである。〔／〕(39)

三〇年前、ガットンやオールド・セイラムが価値ある選挙区でまともな議員を送り出していると証明しようとしても不可能だった。誰もが口々に、「なぜだ。誰も住んでないじゃないか」と言っていた。これと同じように、現在では、誰もが「この国の代表制度は間違いなく不完全だ。巨大な〔熟練工の〕階級の代弁者がひとりもいないからだ」と言っている。住民のいない選挙区に向けられた批判に対する唯一の回答は、その選挙区の議員を選出する権限を住民のいる選挙区に移すことである。これとまったく同じように、熟練工を代表する議員がいないという不満を解消する方法は、彼らにも議員を割り振ることである。すなわち、「熟練工の主義主張もそれなりに必要だ」というカーライル氏[40]が言いそうな言葉を信じて、熟練工が選出する代表の一団を作り出すことである。

訳　注

はしがき

（1）この文章は、一八六七年に出版された初版の冒頭に置かれたバジョットによる「告知（Advertisement）」であるが、本書の初出となる『フォートナイトリー・レビュー』誌上での連載論文（一八六五―六七年）を単著にまとめたいきさつや章構成を扱っている内容から判断して、「はしがき」として収録することにした。

（2）実際はひと月後である。

（3）アメリカ合衆国第一六代大統領A・リンカン（一八〇九―六五年）は、一八六五年四月一四日、ワシントンの劇場で観劇中に俳優ブースに撃たれて暗殺された。この後、副大統領から大統領になったA・ジョンソン（一八〇八―七五年）は、リンカンの南部再建政策を継承して南部諸州に寛大な態度を示し、議会による黒人解放をめざす公民権法制定に拒否権を発動するなど強権的な政策を進めたため、北部の世論の批判を受け、また在任期間中、議会と鋭く対立した。ジョンソンは、議会が弾劾裁判にかけたはじめての大統領である（弾劾裁判で罷免の是非を問うには三分の二の賛成票が必要であり、ジョンソンは一票差でかろうじて失職を免れた)。

(4) 初版の第二章は、第二版では第八章となる「議院内閣制の必要条件およびそのイギリス的な特殊形態」である。そのため、第一章と第九章は初版と第二版で変わらないが、初版の第三章から第八章までは、第二版では第二章から第七章までとなる。

第一章

(1) J・S・ミル(一八〇六—七三年)。哲学者。庶民院議員も務めた(一八六五—六八年)。『自由論』(一八五九年)、『代議制統治論』(一八六一年)など著作多数。この一節と同じ文章が、ミル「選挙法改正論考」(一八五九年)に見られる。ミルは民主制の実現を最終的な目的に掲げ、同時代の思潮に多大な影響を与えていた。バジョットは、ミルの選挙法改正論に批判的な立場であることを、ミルの議論を当てこすることで表明したのである。本書の冒頭で、ミルの「選挙法改正論考」がまず批判されたことは、本書を執筆したバジョットの目的や本書全体の内容を理解する上できわめて重要な意味を持っている(J. S. Mill, "Thoughts on Parliamentary Reform", *Collected Works of John Stuart Mill*, Vol. XIX, ed. by J. M. Robson, University of Toronto Press, 1977, p. 321)。下巻「解説」を参照。なお、本書では、parliamentary reform を一般に知られている「選挙法改正」という訳語で統一した。

（2）バジョットは、政治制度を表す場合における government を、内閣やその指導に服する行政機関とを合わせた「政府」あるいは「政権」という意味と、より広く国家全体の政治的な運営に関わるすべての機関の総称としての「統治機構」の両方の意味で用いている。本書では、文脈に応じて、「政府」「政権」「統治機構」を使いわけて訳した。

（3）一七八七年、フィラデルフィアで開催され、アメリカ合衆国憲法を起草した会議。

（4）イギリス政治社会における敬意に基づく階級の上下関係は、バジョットのイギリス議院内閣制理解や後述の「尊厳的部分」の理解にとって非常に重要な部分であるので、本書で使われている数種類の類語を腑分けして見ていく必要がある。本訳書では、敬意に関する原語を以下のように訳しわけた。reverence という単語には「崇敬（心）」という訳語をあてた。また、特に第八章に頻出する deference は、「恭順（の念）」という訳語で統一した。「尊敬」と訳されている場合は、原語は respect である。下巻「解説」を参照。

（5）上流階級を表す当時の俗語。一八四四年に、アメリカの作家、詩人で編集者のＮ・Ｐ・ウィリス（一八〇六―六七年）がニューヨークの富裕層を指して使い始めた。本書でも何度か使われていて、upper ten thousand（上流一万人）という言い方をした。

（6）もともとイギリスの国王の下には、一六世紀前半に確立した枢密院という諮問機関があったが、人数が増えすぎたため、一六三〇年代から、別個に顧問を集めた小規模の内閣評議会（cabinet council）が開催されるようになった。cabinet とは、本来「小部屋」「密室」という意味である。名誉革命後、ウィリアム三世(在位一六八九－一七〇二年)は、党派を超えて顧問を集めたが、円滑な議論のために議会多数派だけに絞るようになった。その後、アン女王(在位一七〇二－一四年)も同様に、顧問団を毎週召集した。ドイツ(神聖ローマ帝国)のハノーヴァー選帝侯領出身のジョージ一世(在位一七一四－二七年)は、ハノーヴァーを取り巻くヨーロッパ政治への強い関心などから、次第に評議会を欠席するようになり、君主はこの会議に出席しないことになっていった。こうして、議会に対し責任を負う政策決定機関として内閣が形成されていった。

(7) R・ウォルポール(一六七六－一七四五年)。ウィッグ党の政治家。責任内閣制の発展に寄与し、イギリスの初代首相(一七二一－四二年)とされる。

(8) W・L・メルバーン(一七七九－一八四八年、第二代メルバーン子爵)。ウィッグ党の政治家。一八三四年、ウィッグ党のグレイ内閣総辞職後、C・グレイの推挙によって後継の首相となる。しかし、人事をめぐってウィリアム四世と対立し、わずか四ヵ月後に罷免された。この後に成立したピール保守党政権による解散総選挙後、メルバーンは急進派等との共闘を実現させて、保守党政権を辞職に追い込み、第二次政権を作った(一八三五－四一年)。グレイ(一七六四－一八四五年、第二代グレイ伯)は、ウィッグ党の政治家で、第一次選挙法改正(一八三二年)のときの首相(一八三〇－三四年)。

(9) 一七世紀後半に生まれた政治集団。王権の制限、議会の権利の拡大を主張し、イギリス国教会に属さない非国教徒に寛容な立場を採った。トーリー党（第二章注（20）参照）に対抗しながら、次第に選挙法改正や自由主義的な改革を進める立場を明確にして、一九世紀中葉に自由党となる。ホイッグとも言う。第三章注（16）参照。

（10）ウィリアム四世（一七六五―一八三七年、在位一八三〇―三七年）。第一次選挙法改正時の国王。女優のＤ・ジョーダンと同棲して一〇人の子どもをもうけた。のち、ザクセン＝マイニンゲン公女アーデルハイトと結婚し二児が生まれたが、どちらも夭折した。王位を継承したヴィクトリアは姪。

（11）Ｈ・Ｊ・テンプル（一七八四―一八六五年、第三代パーマストン子爵）。トーリー党の政治家として庶民院議員となり、後にウィッグ党に転じる。首相（一八五五―五八年、一八五九―六五年）。一八三〇年代より、イギリスの外交政策を牽引した。内政では保守的な政策を進め、外交では自由貿易を強制する砲艦外交を行って国民から支持を得た。第二次政権が発足した時点で、当時の歴代首相の中で最年長だった。一八六五年一〇月一八日死去。

（12）ヴィクトリア女王（一八一九―一九〇一年、在位一八三七―一九〇一年）。一八歳で即位し、メルバーン首相から教育を受ける。一八四〇年には、ザクセン＝コーブルク＝ゴータ公国公子のアルバート（一八一九―六一年）と結婚してその指導を受けながら、家族の象徴としての王室像、国民の母親としての女王像を示していくとともに、イギリス国制における君主（立憲君主）のあり方を探っていった。一八六一年に夫が死去すると、これを深く悼んだ女王は、以後政府高官に接見する際にも黒の喪服に身を包み、イギリス国民の前に姿を現す必要がある一切の儀式から身を引いてしまった。女王のこの隠遁生活は、一八七四年まで続く。この後、ディズレイリの励ましも受けながら公務に復帰する。

(13) 大蔵省は、大蔵大臣と五名の委員とで構成される国家財政委員会によって運営されるが、首相はその名目上の長である。国王不在となった後の内閣を主宰した第一大蔵卿(The First Lord of Treasury)のウォルポールが首相(Prime Minister)と呼ばれるようになり、これによって第二大蔵卿が、大蔵省の実質的な長である大蔵大臣になった。首相という呼称が国制に正式な位置づけを得るのは二〇世紀に入ってからである。

(14)「無関係の」と訳した単語は、第二版では、inseparable であるが、初出(一八六五年)および初版(一八六七年)では、どちらも separable である。後者の方が意味が通るため、separable で訳した。

(15) 閣議に出ていた第二代グレイ伯による非公式の議事録からの引用。息子の第三代グレイ伯(第四章注(26)参照)が本章の初出『フォートナイトリー・レビュー』の「内閣」(一八六五年五月)を読んで、引用部分を含めた議事録をバジョットに送った。バジョットは、同年七月八日付第三代グレイ伯宛ての書簡で、この議事録を返送してお礼を述べつつ、内閣の議事録作成が制度化されていないことを問題視している(W. Bagehot, *The Collected Works of Walter Bagehot*, Vol. XIII, ed. by N. St. John-Stevas, The Economist, 1986, pp. 604–5)。オックスフォード版『イギリス国制論』(*The English Constitution*, ed. by M. Taylor, Oxford University Press, 2001)の編者注によれば、このメルバーンの発言は、一八四一年三月の閣議後のものである(p. 207)。

(16) インド大反乱(一八五七―五八年)の後、ムガール帝国と東インド会社が廃されて、インド省、常設の「インド評議会」により助言を受けるインド大臣が本国に置かれ、イギリス政府の直接支配が始まった。カルカッタのインド副王兼総督は、財政機能も有する独自の行政参事会を持っていたが、インドに関する予算は、イギリス本国においてイギリス議会に責任を負うインド大臣によって管理されていた。

(17) インド大臣を務めたC・ウッド(一八〇〇―八五年、初代ハリファックス子爵)と、一八六〇年一〇月にインド参事会第二代財政委員に就任したS・レイン(一八一二―九七年)とのあいだでインド財政再建をめぐって生じ、レインの辞任(一八六二年)に至った論争を指していると思われる。

(18) アメリカ南部連合国は、南北戦争時の一八六一年から一八六五年のあいだに南部一一州が独立国家として設立したものである。バージニア州のリッチモンドに議会が置かれ、J・デイヴィス(一八〇八―八九年)が大統領に就任した。

(19) 「はしがき」ならびにその注(3)を参照。

(20) 急進派議員のJ・C・ホブハウス(一七八六―一八六九年、初代ブロートン男爵)が、一八二六年四月一〇日、庶民院ではじめて「陛下の野党」という表現を使った。

(21) 第二次パーマストン政権期全体(一八五九—六五年)を指していると思われる。一八五九年にウィッグ党内部で対立していた党内右派のパーマストン派と選挙法改正をねらう左派のラッセル派、さらに急進派と旧ピール派とから自由党が結成されてパーマストン自由党政権が成立してからも(第三章注(15)(16)参照)、同政権は党内をまとめることに苦心した。国内の自由主義的な改革に消極的な立場を採っていたパーマストンは、むしろダービー率いる保守党と手を結んだ(「パーマストン・ダービー連合」)。こうして、パーマストン政権期は、首相も強力な指導力で自由党を率いたわけではなく、またその他の陣営が主導権を握ることもない状況が続いた。第三章(一一〇頁)および第五章(二四二頁)参照。

(22) J・ブレッキンリッジ(一八二一—七五年)。アメリカ合衆国第一四代副大統領(民主党、大統領はブキャナン)。一八六〇年の大統領選では、南部民主党の大統領候補として奴隷制維持を綱領に掲げ共和党のリンカンと争ったが敗れた。こののち南部一一州が合衆国から離脱して南北戦争が始まった。南北戦争では少将として各地を転戦した。

(23) バジョットの選挙制度論は、ウィッグの機関誌『エジンバラ・レビュー』誌上で特に活躍したJ・マッキントッシュ(一七六五—一八三二年)から大きな影響を受けている。バジョットは、一八五九年に公表した「選挙法改正論」で、マッキントッシュの論文「普通選挙」を「今とりわけ読むに値する実にみごとな評論」と評価した。マッキントッシュは、その「普通選挙」の中で次のように論じている。「選挙制度は、……自由な統治を確かなものとするのに役立つ。それは、自由な統治にいちばん欠かせない構成要素なのである。選挙制度は、ほとんどすべての階級から、それぞれ一部の人々を招集して立法権に関わらせ、すべての階級の多くの人々に、もっとも質の高い選挙権の使い方を求める。その結果、地域社会全体に対する思いやりの心だけでなく、自負心や名誉心、そして利己心が、国制を守るために活かされる。高貴な感情のすべて、合理的な思慮のすべて、つまらない虚栄心のすべて、そして、卑しむべき愚かさのすべてが、国制の安定にとっての助けとなる」（J.Mackintosh, "Universal Suffrage", *The Edinburgh Review*, No. 31, 1819, p. 178）。バジョットが推奨する選挙制度については、本書下巻収録の「補論　選挙法改正について」を参照。マッキントッシュはスコットランド出身の文筆家。『エジンバラ・レビュー』創設者のひとり。庶民院議員も務めた。

(24) G・ワシントン（一七三二―九九年）。アメリカ合衆国初代大統領（一七八九―九七年）。フィラデルフィア憲法制定会議（一七八七年）の議長。

(25) A・ハミルトン（一七五七―一八〇四年）。アメリカ合衆国初代財務長官（一七八九―九五年）。フィラデルフィア憲法制定会議の議員。アメリカ合衆国憲法の各邦による批准を推進するために書かれた『ザ・フェデラリスト』（一七八八年刊）に収められた論文の大半を執筆した。

(26) 公職の候補を指名するために一七二五年にボストンで開かれた地域党員の会合が「コーカス・クラブ」と呼ばれたことに始まる。その後、次第に政党指導者による秘密裡の候補者選定会議を指すようになり、この言葉を使って密室会議の弊害が批判されることになった。この言葉がイギリスでも使用されるようになると、コーカスは「黒幕(wire-puller)」が政党や有権者を専制的に操るための選挙組織だという否定的な評価が主流をなした。イギリスでは、急進派の政治家J・チェンバレン(一八三六―一九一四年)が指導したバーミンガム自由党協会(一八六五年結成)が初のコーカスに位置づけられる。

(27) バジョットは(未成年と当時の一般的な理解にしたがい女性を除いて)、成年男性の全員に選挙権の行使を通じた政治参加の権利があるとは考えなかった。彼にとって、政治参加が認められるべきなのは、「リスペクタブル(respectable)」、つまり敬意に値する、見苦しくない生活を送っている人々だけだった。「リスペクタビリティー」をそなえた人間であることが、政治参加の要件となることは、バジョットだけでなく、当時の社会一般の通念と言えるものであり、中流階級全般および上層労働者階級にとって、人生におけるきわめて重要な価値でもあった。リスペクタブルであるための最低条件は、「自立」であり、これは生計の維持において、他人からの施しや救貧法の適用を受けないことだった。この条件を満たすためには、自らの安定した資産と、労働に対する勤勉な態度や努力、生活面での節制といったピューリタン的自助の精神の保持とが不可欠だった。他人の世話にならず、土地や店舗など、自分の資産を使って、自力で生計を維持して体面を保てる、ということである。こうしたリスペクタブルな人だけが、世論に値する意見を持ち、政治的発言を許される「政治的国民」（第三章九六頁）と見なされていた。一八三二年の選挙法改正では、リスペクタブルであるという社会一般の評価を得られたことから、中流階級全般に選挙権が与えられた。また、第二次選挙法改正をめぐる議論の中で、上層労働者階級（熟練工、職工）に選挙権を与えるべきだとする論調が高まった理由も、この階級がリスペクタブルだと見なされるようになったことにあった。

(28) W・ピット（一七〇八―七八年、初代チャタム伯）。国務大臣として、実質的に七年戦争（一七五六―六三年）を指導し、フランスとの植民地争奪戦を勝利に導いた。大ピットとも呼ばれる。

(29) R・B・ジェンキンソン（一七七〇―一八二八年、第二代リヴァプール伯）。トーリー党の政治家。首相（一八一二―二七年）。政権の前半は、「ピータールーの虐殺」（一八一九年）に象徴されるような反動的な政治姿勢を示したが、後半には自由主義的政策を推進した。実務的政治家として特徴づけられる。

(30) ルイ・フィリップ一世（一七七三―一八五〇年）。七月革命（一八三〇年）後の七月王政の国王（一八三〇―四八年、オルレアン朝）。大資本家や銀行家の支持を受けて、立憲的な政治を展開し、自由主義的政策を推進して、フランスの工業化を進めた。しかし、制限選挙の下、労働者の政治参加は厳しく制限されていた。一八四八年の二月革命で退位してイギリスに亡命した。

(31) C・B・カヴール(一八一〇―六一年)。サルディニア王国の首相(一八五二―五九年)として、ナポレオン三世などを相手に巧みな外交を展開し、イタリア統一に貢献してイタリア王国の初代首相となった(一八六一年)が、就任の約二ヵ月後に病没した。

(32) クリミア戦争(一八五三―五六年)のこと。

(33) G・ハミルトン゠ゴードン(一七八四―一八六〇年、第四代アバディーン伯)。トーリー党に所属していたが、穀物法廃止(一八四六年)の際、ピール派に属して保守党を離脱した。ピールの死後(一八五〇年)、ピール派の指導者となり、一八五二年、ウィッグ党、急進派との連立政権で首相となる。アバディーンは平和主義で知られていたが、ロシアがオスマン帝国への南下政策を進めて始まったクリミア戦争では、反ロシアの世論に押し切られて一八五四年三月に参戦することとなった。しかし、戦争が長引く中、軍事機構や官僚組織の非効率な運営が露呈して、アバディーン政権の戦争指導に対する世論の批判が高まり、一八五五年一月末に辞職した。代わって、アバディーン政権の内相を務めて、主戦論者であったパーマストンが首相になった。

(34) プロテスタントの一派。絶対的平和主義の立場を採る。ここでは、アバディーンのこと。

(35) 「はしがき」注(3)参照。

(36) W・E・グラッドストン(一八〇九—九八年)。保守党議員として政界入りしたが、穀物法廃止(一八四六年)に賛成し、ピール派として党を離脱した。一八五九年、ウィッグ党と旧ピール派、急進派が結集して自由党を結成するとこれに加わった。財政に通じた政治家として知られ、長く大蔵大臣を務める。バジョットが『ファートナイトリー・レビュー』に論文を連載している時期には、パーマストン内閣、次いでラッセル内閣の大蔵大臣だった(一八五九—六六年)。パーマストンが死去し、ラッセルが政界を引退した後、自由党を率いて一八六八年から一八九四年まで、保守党のディズレイリと競いながら、四度首相を務めた。『イギリス国制論』をはじめ、バジョットが執筆活動を行った時期に活躍したため、バジョットは様々な評論でグラッドストンについて論じている。バジョットは、グラッドストンについて、政治的安定が崩れた改革の時代に、たぐいまれな雄弁の能力によって、国民を自分の計画に沿って導いていく「雄弁家」として特に評価した。

(37) これについてバジョットは、第五章(二三二—二三三頁)で具体的に論じている。

第二章

(1) ロンドン西郊、テムズ川南岸の町。イギリス王室の居城であるウィンザー城の所在地。

(2) プリンス・オブ・ウェールズ。本来は、ウェールズの君主、ウェールズ大公を意味する。一四世紀より、この称号は国王の法定推定継承人である最年長の王子に授けられてきた。ここでは、のちのエドワード七世（本章注（8）参照）を指す。
（3）第一二代ダービー伯（一七五二―一八三四年）によって一七八〇年に始められた競馬。
（4）「引きこもった寡婦」はヴィクトリア女王（第一章注（12）および下巻「解説」を参照）を、「無職の若者」は王太子エドワード（本章注（8）参照）を指している。
（5）ナポレオン三世（一八〇八―七三年）。ナポレオン・ボナパルトの甥。長く亡命生活を送った。一八四八年の二月革命後、国民議会議員となり、一二月の大統領選で大統領に選出された。大統領再選のための憲法改正が議会に拒否されると、五一年一二月にクーデタを起こし、任期一〇年の大統領になる。一年後、国民投票で帝位に就いて第二帝政を開始した。本文のフランス国民に向けられた「問い」は、この国民投票を指している。五〇年代は、「権威帝政」と呼ばれる強権的な政治を進めたが、六〇年代中頃から議会を尊重する「自由帝政」へと方針転換を図った。一八七〇年、普仏戦争でビスマルク率いるプロイセンに降伏し、退位。下巻第九章注（14）参照。
（6）G・グロート（一七九四―一八七一年）。歴史家。J・ベンサムやJ・S・ミルらと交流があった。庶民院議員（一八三二―四〇年）。また、ロンドン大学の創立に尽力した。『ギリシア史』（全一二巻、一八四六―五六年）を執筆。引用は、『ギリシア史』（*A History of Greece*, Vol.2, John Murray, 1846, pp. 82-6）。
（7）イングランド南西部の州。バジョットの出身州。

（8）王太子エドワード（一八四一－一九一〇年、のちの国王エドワード七世、在位一九〇一－一〇年）は、デンマーク国王クリスチャン九世の長女アレクサンドラと一八六三年三月にウィンザーで結婚式を挙げた。

（9）王室が毎日発表して新聞に掲載される王室関連記事。

（10）一八六五年四月一五日のリンカン大統領暗殺後、同月二九日にヴィクトリア女王はリンカン夫人にお悔やみ状を送った。

（11）王権神授説のこと。

（12）ピューリタン革命とも呼ばれる内乱期（一六四二－五一年）に、チャールズ一世を支持して議会派（円頂派）と争った。騎士派とも言う。

（13）一六八八年、議会は、イギリスのカトリック化をめざすジェイムズ二世（一六三三－一七〇一年、在位一六八五－八八年）を追放して、イギリスはオランダ総督オラニエ公ウィレム（オレンジ公ウィリアム、一六五〇－一七〇二年）と妻メアリ（ジェイムズ二世の娘、一六六二－九四年）との共同統治の下に服することとなった（ウィリアム三世、在位一六八九－一七〇二年、メアリ二世、在位一六八九－九四年）。一滴の血も流すことなく国王の追放を実現させたという理解から、この事件は、名誉革命と呼ばれることとなった（ただし、実際には無血であったわけではなく、特にアイルランドとスコットランドでは多数の死者が出ている）。ジェイムズ二世は、内乱（ピューリタン革命）後に亡命生活を送っていたフランスに再び亡命して、ルイ一四世の保護を受けた。なお、巻末の「イギリス国王系図」も参照。
(14) アン女王(一六六五―一七一四年、在位一七〇二―一四年)。メアリ二世の妹。
(15) 弟とは、ジェイムズ二世の息子ジェイムズ・ステュアート(一六八八―一七六六年)のこと。The Old Pretender(老僭王)。アン女王の異母弟に当たる。ジェイムズ二世(一七〇一年死去)もジェイムズ・ステュアートも王位の請求を続けた。アン女王(一七〇二年即位)の姉メアリ二世には子どもがなかったので、即位前から後継者問題が持ち上がっていた。ジェイムズ二世とその後継者こそが正統なイングランドとスコットランドの国王であるという立場をとる者をジャコバイトと言い、名誉革命後、一八世紀の前半のあいだ、その復位を企てたびたび反乱を起こした。
(16) 一七〇一年の王位継承法。バジョットの直前の説明にもあるように、次期国王のアンの子どもはすべて夭折していたので、アンの後、ジェイムズ老僭王の王位継承の可能性が高まっていた。これを阻むためにこの継承法では、王位継承者は、ステュアート家の中でも、イギリス国教会の信徒にかぎるとした。これによって、カトリックである老僭王が王位継承から排除されて、神聖ローマ帝国のハノーヴァー選帝侯妃ゾフィー(一六三〇―一七一四年)とその子孫だけが王位継承権者となった。
(17) チャールズ一世(一六〇〇―四九年、在位一六二五―四九年)。チャールズ二世の父。議会と対立して内乱(ピューリタン革命)が勃発。これに敗れて処刑された。

(18) ジョージ一世(一六六〇―一七二七年、在位一七一四―二七年)。ゾフィーの息子。ハノーヴァー朝初代国王。ハノーヴァー選帝侯(在位一六九八―一七二七年)。

(19) ジョージ二世(一六八三―一七六〇年、在位一七二七―六〇年、ハノーヴァー選帝侯の在位も同じ)。ジョージ一世の息子。

(20) 一七世紀後半に生まれた政治集団。王権神授説の順位に基づく王位の継承や厳格な国教会体制の維持を主張した。ウィッグ党(第一章注(9)参照)に対抗しながら、フランス革命以降、地方の地主貴族の利益を維持する保守的な立場を明確にして、一九世紀の前半に保守党となる。

(21) 主に土地を所有する社会層(地主層)を指すが、その内容は中世以降、各時代状況などにより変動がある。現在では「紳士」と訳され男性一般に対して用いられるが、本来は、名望家としての地主層全体を意味し、「ジェントルマンであること」は、治安判事などとして地方を支配したり上下両院の議員として国政を担う、政治支配者層の条件だった。なお、ジェントリ(郷紳と訳されることもある)は、爵位を持たない、すなわち貴族ではない中小の地主層である。一般的には、大所領を所有する貴族と中小の地主層であるジェントリを合わせてジェントルマンとされる。一七世紀以降、地方を根拠地とする「カントリー・ジェントルマン」は、中央の王権、宮廷(コート)や商業的勢力に対する抵抗勢力となった。バジョットも、第五章二五一頁にあるように、貴族とジェントリの双方を含めて「地主ジェントルマン」と表現している。バジョットの場合、地主層だけでなく、産業界や金融界の富裕層も政治支配者層に加えるべきだという立場から、別の論文では「実業のジェントルマン(business-gentleman)」という表現も用いている。

(22) ジョージ三世(一七三八―一八二〇年、在位一七六〇―一八二〇年)。ジョージ二世の孫。ハノーヴァー選帝侯(一七六〇―一八一四年)。一八一四年からはハノーヴァー国王(一八二〇年まで)。ハノーヴァー朝ではじめてのイギリス生まれの国王。生涯ハノーヴァーを訪れることはなく、イギリスの統治を優先した。前二王の治世のあいだに進んだ責任内閣制から王権の回復を図り、議員を買収して「王の友」と呼ばれる集団を形成した。また、即位まで議会の実権を握り続けたウィッグ党を嫌って、トーリー党に政権を任せ、これを通じて国政を指導した。治世の後半では、精神疾患に悩み、一八一一年以降は回復不能となって息子のジョージ王太子(のちのジョージ四世)が摂政を務めた。

(23) アメリカ合衆国のニューイングランド地方の人々の俗称。

(24) E・シィエス(一七四八―一八三六年)。フランスの政治家。『第三身分とは何か』(一七八九年)を出版するなどフランス革命期の政府を理論的に指導した。一七九一年憲法の制定に尽力。ナポレオンと組んで総裁政府の五名の総裁のひとりとなり、さらにナポレオンと図って「ブリュメール一八日のクーデタ」(一七九九年、第四章注(25)参照)を起こして、統領政府を作り臨時統領のひとりとなる。大選挙侯を設置する憲法(共和暦八年憲法)制定への提案が容れられず、統領の地位を降りて元老院議長となり、政界の第一線から身を退いた。なお、後出のアベ・シィエスの「アベ」は、聖職者に対する敬称。

(25) A・ティエール(一七九七―一八七七年)。フランスの政治家、歴史家。七月王政で二度首相、第三共和制で初代大統領を務めた。下巻「第二版の序文」注(25)参照。

(26) E・スミス＝スタンリー(一七九九―一八六九年、第一四代ダービー伯)。ウィッグ党員として庶民院に入り、第一次選挙法改正を熱心に支持したり、植民相として奴隷解放法を成立させたりした。上院入りの後、保守党に移る。ピールによる自由貿易政策に反対し、ピール派が党を去った後、党指導者となって、五〇年代以降、第二次選挙法改正時も含めて、三度首相を務めた(一八五二年、一八五八―五九年、一八六六―六八年)。ダービー夫人は、エマ・キャロライン。

(27) O・クロムウェル(一五九九―一六五八年)。内乱(ピューリタン革命)時の議会派の指導者。王党派と議会派とのあいだで内乱が勃発した後、鉄騎隊を率いて議会派の勝利に貢献した。チャールズ一世処刑後の共和国において護国卿となり、厳格なピューリタニズムに基づく独裁政治を行った。

(28) テューダー朝およびステュアート朝時代のロンドンにあった宮殿。一七世紀末の二度の火災でその大半が焼失した。

(29) ロンドンにある一八三七年以降の王宮。

(30) パリにあった宮殿。一七世紀から一八世紀、ヴェルサイユ宮殿に王宮が移る前後に使用されたが、一八七一年、パリ・コミューンの兵士が火をかけ焼失した。

(31) ザ・シーズンを指す。下巻「第二版の序文」注(24)参照。

(32) 君主の配偶者(王配)のこと。この場合は、ヴィクトリア女王の夫アルバート(一八一九—六一年)。第一章注(12)参照。

(33) 一九世紀のイギリスでは、ベンサム派(功利主義者、哲学的急進派ともいう)の議論が影響力を持つようになり、「安価な政府」の観点から、高額な王室維持費に対する批判が高まった。急進的な庶民院議員J・ヒューム(一七七七—一八五五年)の批判が有名である。下巻「解説」参照。

(34) ジョージ四世(一七六二—一八三〇年、在位一八二〇—三〇年)。ジョージ三世の長男。一七八五年にカトリックの女性と密かに結婚式を挙げたが、法的に無効だった。一七九五年、父王が選んだキャロラインと結婚したが、ただちに別居した。また、父に反対するウィッグの政治家(C・J・フォックスら)と交友して、賭博で借金を作るなど、その不品行な生活が物議を醸した。父王の精神疾患が悪化すると摂政となる。即位後、キャロラインと離婚しようとして世論の強い反発を受けた(キャロライン王妃離婚訴訟問題、一八二〇年)。摂政となってからは、トーリー党の立場を採って、様々な改革に反対した。

(35) 「マタイによる福音書」第七章一六節。

(36) ヴィットーリオ・エマヌエーレ二世(一八二〇—七八年、在位一八四九—七八年。一八六一年にサルディニア国王からイタリア国王へ)。カヴールらを登用してイタリア統一戦争を戦い、統一(リソルジメント)を達成した国王。「祖国の父」と呼ばれる。

(37) G・ガリバルディ(一八〇七—八二年)。イタリア統一運動の英雄、ゲリラ戦の指導者。青年期よりマッツィーニの青年イタリアに加入してイタリア統一運動を推進した。亡命の後、一八五四年に帰国して運動に参加。赤シャツ千人隊を率いて南イタリアとシチリアの征服に成功したが、カヴールの策略にかかって、征服地をサルディニア王国に献上した。その結果、イタリア統一となった。

(38) F・ギゾー(一七八七—一八七四年)。フランスの政治家、歴史家。七月王政最後の首相(一八四七—四八年)。ブルジョワ利益第一の政治を行い、制限選挙を堅持して無改革を方針とする政策を展開した。その結果、一八四八年の二月革命を招くこととなった。著書に『ヨーロッパ文明史』(一八二八年)など。

第三章

(1) 議会や枢密院が出す報告書。

(2) F・ノース(一七三二—九二年、第二代ギルフォード伯)。トーリー党の政治家。ジョージ三世の厚い信頼を受けて首相となる(一七七〇—八二年)。この箇所で言及されているアメリカ独立戦争(一七七五—八三年)を中心に、首相在任中の大半の期間、アメリカ問題に対応することになった。

(3) 一八五六年、当時の首相パーマストンは法律貴族(最高裁判所としての機能を果たすために任命される貴族院議員)の数を増やすために裁判官のJ・パーク(第四章注(51)参照)を一代貴族の男爵にするよう女王に奏請した。パークはウェンズリデイル男爵となったが、貴族院はこれに強く反発して議席を与えることを拒否した(ウェンズリデイル事件)。女王は、パークを一代貴族ではなく、世襲の男爵とすることで事態を収束させた。当時は一代貴族はほとんど例がなく、前回の叙爵は一七五八年にまで遡る。また、一代貴族のほとんどは女性(countess:女伯爵)だった。

(4) J・カミンズ(一六六七—一七四〇年)。法律家。原文はComyn(カミン)だが、ここにある著書からして、Comynsの誤記であると考えられる。カミンズには、『イングランド法令要約』(*A Digest of the Laws of England*, 1762-7, 5 vols.)がある。

(5) 統治に参与する政治的国民については、第一章注(27)参照。

(6) C・J・フォックス(一七四九—一八〇六年)。ウィッグ党の政治家。党内にフォックス派を形成して党を率いた。ジョージ三世の影響を受けてアメリカ植民地政策を進めたノース政権を批判したり、議会の多数党の意見に従って大臣を任免すべきと主張したりするなど、政局の様々な場面でジョージ三世と鋭く対立した。フランス革命に理解を示し、野党ウィッグの党首として小ピット（本章注（13）参照）・トーリー党長期政権の対仏政策を非難し続けた。

（7）E・サーロー（一七三一―一八〇六年、初代サーロー男爵）。大法官（一七七八―八三年、一七八三―九二年）。大法官は司法の最高位で、貴族院会期中は貴族院議長も兼ねる役職。中世、王会（クリア・レギス）は行政権、立法権、司法権の区分がなく、このすべてを扱ったが、王会における国王の書記長である大法官が次第に要職となって、国璽の管理を行うようになり、国璽を必要とする法令等の作成や管理業務へと権限が拡大されて、国王の助言者の役割を担うようになった。庶民院と貴族院の形が整えられていくと、貴族院が司法機能を果たすようになって、大法官がその長となる。

（8）一八六二年の将校任命辞令法によって、将校の辞令に国王の署名が不要になった。

（9）様々な舞踏会が催されてロンドン社交界の中心になったロンドンのキング・ストリートの集会場。一八世紀にはオールマックスと呼ばれたが、一九世紀に「ウィリスの間（Willis's Rooms）」と呼ばれるようになった。一七九二年以降ジェイムズ・ウィリスの所有となって、

（10）J・ラッセル（一七九二―一八七八年、初代ラッセル伯）。ウィッグ党の政治家。ウィッグの指導的政治家として、審査法の廃止（一八二八年）や第一次選挙法改正、穀物法の廃止（一八四六年。このときは野党指導者としてピール保守党政権が進めた同法廃止を支持した）など自由主義的な政策を進めた。首相（一八四六―五二年、一八六五―六六年）。ときに独断的な改革の姿勢は、党内の保守的な地主議員の離反を招いて、外交においては自由主義的だ

が内政において保守的なパーマストンが党内で台頭することになった。ルイ・ナポレオンのクーデタへの対応をめぐってラッセルとパーマストンが対立し、ウィッグ党内は、ラッセル派とパーマストン派との分裂状態に陥っていたが、一八五九年にふたりは和解した。このの ち、同年六月に「ウィリスの間」(前注参照)にウィッグ党、旧ピール派、急進派の三派が集まって自由党が結成された(本章注(16)参照)。哲学者のB・ラッセル(一八七二—一九七〇年、第三代ラッセル伯)は孫。

(11) ユトランド半島南部にあるシュレスヴィヒ公国およびホルシュタイン公国の帰属をめぐって、一八六四年、プロイセン・オーストリア連合軍とデンマークとのあいだで戦争が勃発した(デンマーク戦争)。親デンマークの立場を採りプロイセンとの戦争も辞さない態度を示した首相パーマストンに対して、プロイセンとの戦争を望まない女王は強硬に反対した。事態の収拾を図ろうとしたパーマストンは、関係各国を集めてロンドン会議を開催したが、会議は決裂した。この失政により、内閣不信任決議案が出されることとなり、貴族院では不信任が決議された。しかし、庶民院では否決されたため、パーマストンは総辞職を免れた。

(12) 原文は、perfectly disinterested spectator。たとえばJ・S・ミルは『功利主義』第二章(一八六一年)で、「功利主義が本人に求めるのは、自分自身の幸福と他の人々の幸福とを見比べるとき、利害を離れ誰にでも分け隔てなく善意を向ける第三者(disinterested and benevolent spectator)と同じように、偏りをまったく持たないようにすることである」と論じている(関口正司訳『功利主義』岩波文庫、二〇二一年、四七頁)。

(13) W・ピット(一七五九―一八〇六年)。チャタム卿(初代チャタム伯、第一章注(28)参照)の子。小ピットとも呼ばれる。トーリー党の政治家。一七八二年、二三歳で財務大臣、一七八三年には二四歳で首相(在任一七八三―一八〇一年、一八〇四―〇六年)になった。自由貿易体制に向けて、茶やワインなどの関税の引き下げ、フランスとのイーデン条約の締結(一七八六年)、減債基金の設定を行い、対米戦争の結果、危機的状況にあった国庫を回復させた。選挙法改正法案の提出や官僚制の改革、インド法の制定(一七八四年)などの自由主義的な改革も進めた。フランス革命後、ルイ一六世が処刑される(一七九三年)と、人身保護法停止など、国内の引き締め政策を行った。バジョットは、「ウィリアム・ピット」(一八六一年)と題する論文で、安定的な時代に必要な「管理運営者」の資質と改革の時代に必要な「雄弁家」の能力の両方を兼ね備えた政治家として、小ピットに最高の評価を与えている。

(14) H・アディントン(一七五七―一八四四年、初代シドマス子爵)。トーリー党の政治家。幼少期からの小ピットの友人。ピータールーの虐殺(一八一九年)後、リヴァプール内閣は言論・出版の自由の制限や集会の禁止などを定めた六法(六議会制定法)を制定したが、そのときの内相がアディントンだった。

(15) 一八五八年、ナポレオン三世暗殺未遂事件が起こった。起こしたのは、イタリア貴族、カルボナリ党の活動家でイギリスに亡命中のF・オルシーニ伯だった。当時のイギリスは、ヨーロッパ各国の自由主義的、民族主義的な活動家が亡命し活動する拠点だった。フランス国民の興奮の中、首相のパーマストンは、亡命者を取り締まるよう求めるフランス外相からの礼を欠いた急送文書による抗議を受け入れて、殺人共同謀議の取り締まりを強化する法案を提出した。これがイギリス国民の愛国心を刺激して、それまで強気の外交政策で国民の人気を得ていたパーマストンは強く批判されることになった。批判的な世論の高まりを受けて、急進派議員のT・M・ギブソン（一八〇六—一八八四年）が修正案を出し、急進派議員と旧ピール派、ウィッグ党内の反パーマストン派であったラッセル派が保守党と行動を共にして、修正案が可決されることになった。この法案の攻防に敗北したパーマストン内閣は、総辞職した。

(16) 前注の出来事の後、保守党の第二次ダービー政権が成立したが、ここでウィッグ党の指導的政治家たちは、政権を取り戻すためには、急進派と旧ピール派との連携、さらに当時のウィッグ党の二大巨頭だったパーマストンとラッセルの和解が必要であることを痛感して、これらの実現に尽力することになった。その結果、一八五九年六月六日、「ウィリスの間」で自由党が結成されることになった。

(17) 第一章注(21)参照。

(18) T・ペラム＝ハリス（一六九三—一七六八年、初代ニューカッスル公）。ウィッグの政治家。首相（一七五四—五六年、一七五七—六二年）。一七六二年にジョージ三世の寵臣ビュート伯に政権を追われた。

(19) 正しくは一七八三年。

(20) キャロライン・オブ・アーンズバック（一六八三―一七三七年）。ジョージ二世の妻。王権の安定のため、またウォルポール贔屓だったこともあって、ウォルポールと彼を嫌っていた夫とのあいだをうまく取り持ち政治的影響力を発揮した。

(21) アマーリエ・ゾフィー・フォン・ヴァルモーデン（一七〇四―六五年）。ジョージ二世の愛人。ハノーヴァー出身で王妃の死後、イギリスに呼ばれる。王の寵愛を受け、ヤーマス女伯爵の称号を得て、宮廷で権勢を振るった。

(22) E・コニンガム（一七六九―一八六一年）。ジョージ四世の愛人。多くの愛人の中にあって、王の生涯にわたり寵愛を受け、体調が極度に悪化した王の晩年にも王を助けた。

(23) 一八五一年一二月のルイ・ナポレオンのクーデタに際して、ラッセル内閣は、厳正中立の立場を採ることを閣議決定した。しかしこの決定より前、外相のパーマストンは、女王およびラッセル首相に諮ることなく、駐英フランス大使ヴァレフスキーと会見を行って、クーデタを容認していた。フランスからの抗議の中でこの一件が明るみに出るが、これ以前から、ヴィクトリア女王とアルバート公は、国王に了承を得ることなく慣行を破って繰り返し他国に外交文書を送るパーマストンに強い不信感を抱いていたこともあって、これに憤慨してラッセル卿に懸念を示す書簡を送った。事態を知って激怒したラッセルは、同月にパーマストン卿を解任した。しかし、長期にわたりイギリス外交を指導してきたパーマストン解任をめぐって、新聞各社は、首相だけでなく、これを裏で操っているとして王室に対しても強い批判を展開し、世論を誘導した。なお、後述の女王の覚え書きは、一八五〇年八月にラッセルに渡されていたものである。ラッセルは、パーマストンの解任について庶民院で質疑を受けた一八五二年二月三日にこれを読み上げた。ラッセルが読み上げたメモは、バジョットの引用文に続けて次の一文で終わっている。「卿には、ぜひともパーマストン卿にこの覚え書きを見せてほしい」(*Hansard's*, Commons Sitting of 3 February 1852, Series 3, Vol. 119)。

(24) レオポルド一世(一七九〇―一八六五年)。一八三〇年にオランダから独立したベルギーの初代国王に即位した(在位一八三一―六五年)。ヴィクトリア女王ならびにアルバート公の叔父に当たり、ベルギーの国際的地位の安定のためもあって、ふたりの結婚を熱心に進めた。

(25) J・ハリス(一八〇七―八九年、第三代マームズベリ伯)。保守党の政治家。外務大臣(一八五二年、五八―五九年)などの閣僚を歴任。保守党指導者ダービー(第二章注(26)参照)の側近で、「パーマストン・ダービー連合」(第一章注(21)参照)成立の立役者であり、保守党側の仲介者を務めた。貴族院において、保守党の指導者的役割を果たした。

(26) シェイクスピア『ハムレット』第四幕、第五場。

(27) E・バーク(一七二九―九七年)。ウィッグの政治家、思想家。首相ロッキンガム侯(一七三〇―八二年)の秘書兼相談役としてウィッグの下院指導者となる。自由の擁護者の立場から、ジョージ三世の専制化を批判し、アメリカの植民地の立場を擁護、またアイルランド解放などを主張した。他方、旧体制を根底から破壊するフランス革命に自由の危機を見てとり、『フランス革命の省察』（一七九〇年）を著して革命批判を展開した。後述の引用は、一七七四年一二月五日付ロッキンガム侯への書簡（*Correspondence of the Right Honourable Edmund Burke, Between the Year 1744, and the Period of His Decrease, in 1797*, Vol. I, ed. by C. William and R. Bourke, Francis & John Rivington, 1844, p. 506）。

（28）J・バトラー（一六九二―一七五二年）。イギリスの神学者、道徳哲学者、モラリスト。主著に『説教集』（一七二六年）、『宗教の類比』（一七三六年）。バジョットが引用しているバトラーの言葉は、「断章六」の一部。全文は「物事には不確実さが伴うということがわかりながら、それでも行動を起こしたくて焦ったり、これにのめり込んだりするのは、人の驚くべき矛盾である！」（*The Works of Bishop Butler*, ed. by D. E. White, University of Rochester Press, 2006, p. 384）。

（29）シャルルマーニュ（七四二―八一四年）。フランク王国の国王として王国の勢力を拡大。八〇〇年に教皇レオ三世から西ローマ皇帝の帝冠を授けられた。カール大帝。

（30）リシュリュー（一五八五―一六四二年）。フランスの政治家、枢機卿。ルイ一三世の宰相。王権の強大化、集権化を推進した。

（31）三名とも、フランク王国を含めて、フランスの人物であることに注意したい。

（32）スタール夫人（一七六六―一八一七年）。フランスの評論家、小説家。ナポレオンと対立、ヨーロッパ各国を訪れて、フランスにおける立憲君主制樹立のための活動を展開した。一八一二年にロシアを訪れている。

（33）ロシア皇帝アレクサンドル一世（一七七七―一八二五年、在位一八〇一―二五年）。治世の前半は自由主義的な改革を行ったが、ウィーン会議（一八一四―一五年）後は、反動的な政策へと転換した。バジョットの引用は、一八一二年の言葉（M. Norris, *Life and Times of Madame de Staël*, D. Bogue, 1853, p. 354）。

（34）J・スウィフト（一六六七―一七四五年）。風刺作家。主著に『桶物語』『書物戦争』（ともに一七〇四年）、『ガリヴァー旅行記』（一七二六年）など。引用は一七一三年四月七日付ディングリー夫人宛書簡（*Letters written by the late Jonathan Swift 1703-40*, No. I, 1766, p. 178）。「解決すると約束した」とあるのは、引用元では「決めると言った」である。

（35）小ピットは、一八〇一年のアイルランドとの合同の際、アイルランドで多数を占めるカトリックの解放を進めようとしたが、ジョージ三世の反対姿勢を変えることができず、一七八三年以来の首相の座を降りた。

第四章

（1）物品税は、一七世紀の内乱（ピューリタン革命）期に、議会派の戦費捻出のために導入された。初期の課税対象は酒、塩、絹などに限定されていたが、一八世紀末には大半の商品に拡大された。一九世紀には自由貿易の流れの中でアルコール類と煙草だけに縮小された。収税は、物品税収税吏(exciseman)が行ったが、請負業務で不正が多かった。

(2) ウォルポールは、一七四一年、落選した与党候補者から提出された選挙結果異議申し立て請願の庶民院における採決に敗れたことで首相を辞任した。

(3) J・ローザー(一七三六―一八〇二年、初代ロンズデイル伯)。トーリー党の政治家。イングランド北部に広大な所領を所有していた大富豪。同地域の多くの選挙区を操って、若き小ピットの選出を助けたが、親族を当選させるために、一四〇〇名の有権者を急造して、自分の下で働く労働者をこの有権者に任命したことで、「マッシュルーム選挙」(マッシュルームは雨後の竹の子のように急速に生えるため)を行った「毒キノコ伯爵」とあだ名された。また、強欲な鉱山経営者でもあり、多くの労働者を犠牲にして巨利を得ていた。小作人の娘を愛人として、若かった愛人の死後も腐敗に絶えられなくなるまで七週間手元に置いて、服を着せたり共に食事をしたりしたことや、決闘好きなどでも有名で、死後「邪悪なジミー」と呼ばれるようになった。

(4) イングランド北西部、湖水地方の一部。

(5) 一八六七年当時、イギリスの選挙区は主に二種類あった。第一に、都市選挙区または自治都市(バラ：borough)であり、四六五名の議員が選出された。第二に、州選挙区または州

(カウンティー：county)であり、一八八名が選出された。どちらの選挙区からも、基本的に二名の議員が選出された。また、大学選出の議員が五名いて、庶民院議員の総数は六五八名だった(現在は六五〇名)。

バラは、砦を意味しBurg(ブルク)と同じ語源を有する。九世紀にバイキングの侵入に備え建設された。一五、六世紀、都市ごとに自治権が認められ特権都市となり、議会に代表を送る都市自体がバラと呼ばれるようになった。近代以降、都市選挙区の意味合いが重要になる。都市ごとに選挙権資格も多様だった。都市選挙区は、次第に貴族ら有力者が選挙権を独占する閉鎖的な「腐敗選挙区」あるいは「懐中選挙区」となった(本章注(47)参照)。約二〇〇名の庶民院議員は、地主貴族たちの意向で選出された(「指名選挙区」)。一八三五年の地方自治体法で、自治都市の閉鎖的で寡頭的な制度が改革されるとともに、バラは地方自治を構成する全国統一の一単位となった。

カウンティーは、一二世紀、国王が派遣した州長官(シェリフ)が統括する地域(シェリフダム)から発達して形成され、一九七五年の地方行政法公布まで存続した。州選挙区の選挙権資格は、一八三二年に変更はあったが、全国一律の資格が適用されていた。

(6) W・キャベンディッシュ(一六四〇—一七〇七年)が名誉革命の功績により一六九四年に授爵されたことで始まった公爵家。一八八六年までウィッグ貴族の名門、以後は自由統一党(のちに保守党に吸収された)。

（7）W・ラッセル（一六一三―一七〇〇年）が一六九四年に授爵されて始まった公爵家。ウィッグ大貴族。本書に何度も登場するJ・ラッセル（初代ラッセル伯）は、第六代ベッドフォード公の三男。

（8）第三章注（7）参照。

（9）当時の事務弁護士が法律相談や書類作成を行った場合の一般的な報酬額。

（10）オーストラリアの植民地。一八五一年成立。一八六四年、関税措置を含む予算案が提出されたが、ヴィクトリア植民地の上院がこれに反対した結果、一八六六年まで植民地政府は身動きが取れなくなった。

（11）どちらもアメリカ合衆国の大西洋に面した州。一八六〇年の国勢調査では、全三三州の中で、ニューヨーク州が人口第一位、デラウェア州は三二位だった。

（12）ウィリアム四世（在位一八三〇―三七年）のこと。

（13）貴族院で選挙法改正法案を成立させるために、賛同する貴族院議員の数を増やすことが、新貴族創設の目的だった。本章注（17）参照。

（14）一七〇四年、エールズベリーの有権者であったM・アシュビーの選挙権を、市が剝奪したことで生じた訴訟事件。アシュビーは、彼の選挙権を不当に妨害した選挙管理監のホワイトを相手取って貴族院に訴訟を起こした。庶民院は、選挙に関する判決の権限は庶民院だけに属すると主張した。これに対して貴族院は、庶民院の主張が正しいとすれば、イングランドの法律はすべて庶民院が専断的に制定できることになると反論して争った。最終的に、貴族院で原告に対する損害賠償が認められた。

(15) A・ウェルズリー(一七六九―一八五二年、初代ウェリントン公)。政治家、軍人。特に軍人としての功績が大きく、ワーテルローの戦い(一八一五年)でイギリス・オランダ連合軍の元帥を務めて、ナポレオン一世を破った。トーリー党の政治家として、首相を務め(一八二八―三〇年)、カトリック解放(一八二九年)や選挙法改正などの問題に対処した。

(16) ナポレオン戦争のあいだ(一七九九―一八一五年)、イギリスでは穀物の輸入が難しくなったことなどから、穀物の価格が上がった。戦争終結後、その価格の下落を危惧した地主たちが議会に働きかけて穀物法が成立した。これによって、国内の穀物の価格が一定以下になった場合に輸入を禁止したり高関税を課すなど、農業利益を保護する政策が進められたため、産業資本家が中心となり「反穀物法同盟」が結成されて、大きな反対運動が展開された。穀物法は一八四六年に廃止。

(17) 一八三〇年一一月末に成立したウィッグ党のグレイ政権は、選挙法改正をめざし、途中の総選挙でのウィッグ党大勝をはさんで二度にわたって選挙法改正法案を提出したが、貴族院はウェリントン率いるトーリー党が多数を占めていて、法案成立の大きな壁になっていた。一八三一年一二月に提出された第三次法案にも、同院は拒否の姿勢を示した。これに対して、グレイ首相は、ウィリアム四世に法案成立のために五〇名の新貴族を任命するよう奏請したが国王はこれを拒否した。ここでグレイ内閣は総辞職をして、ウェリントンに組閣の大命が下ることになった。しかし、これに世論が大きく反発して、中流階級の政治改革運動を率いたバーミンガム政治同盟（一八三〇年結成）や労働者階級による全国労働者階級同盟（一八三一年結成）を中心に、すでに盛り上がりを見せていた議会外での改革運動が急進化して革命直前と言われるほどの事態になった。結局、R・ピールが入閣を拒んでウェリントンは組閣を断念することとなり、国王は新貴族の創設を約束して、グレイに組閣の大命が下った。文中にあるようにウェリントンが貴族院議員に欠席を求めた理由は、出席して選挙法改正法案に反対票を投じることで革命的事態を招くことを避けるためだった。この結果、一〇六対二二の票差で選挙法改正法案が貴族院を通過した。

(18) 住民の大部分をカトリック教徒が占めるアイルランドでは、特に一八〇一年のイギリス併合以降、イギリス政府の抑圧的な政策が強い反発を生み、自治を求める運動が強力に推進されることになった(アイルランド自治問題)。税制についても、宗教改革以降、アイルランドではイギリス国教会への十分の一税負担に対する強い不満が続いていた。十分の一税は、農作物や羊毛などの生産物、家畜などの物納方式だったが、一八三〇年から一八三六年にかけて「十分の一税戦争」とも呼ばれる事態となった後、一八三八年に「十分の一税金納化法」が成立して、地代負担に変更された。

(19) セントローレンス川上流の上カナダ州は英語圏、下流の下カナダ州はフランス語圏。ともに一七九一年からイギリスの植民地となったが、一八四一年にカナダ連合として統一された。

(20) C・エリオット(一八〇一—七五年)。海軍士官。中国商務総監として中国に赴任していた際、アヘン戦争が勃発、海軍大佐として、アヘン戦争を指揮した。香港の初代行政長官(一八四一年)。

(21) 第二次メルバーン内閣(一八三五—四一年)のこと。ウィッグ党の内閣。

(22) R・ピール(一七八八—一八五〇年)。マンチェスター近郊のベリーに生まれる。曽祖父が創業し、イギリス最大となった紡績工場を経営するピール家の長男。トーリー党の政治家。リヴァプール内閣、ウェリントン内閣で内務大臣を務め(一八二二—二七年、一八二八—三〇年)、審査法の廃止(一八二八年)やカトリック解放(一八二九年)などの自由主義的な改革を行った。ウェリントン公の後を継いで保守党を指導、二度内閣を組織した(一八三四—三五年、一八四一—四六年)。一八三四年の選挙の際に自らの選挙区であるタムワースで発表した「タムワース・マニフェスト」では、一八三二年の選挙法改正を容認し、反動の政党ではなく、国制の均衡や腐敗の是正をめざす保守の政党であることをアピールして、これがトーリー党から保守党へと変化する大きな転機となった(これがいわゆる「マニフェスト」の嚆矢とされる)。一八四四年にはピール銀行条例(イングランド銀行条例)を成立させて、イギリスの中央銀行制度を確立した。一八四六年には、ディズレイリなど党内の三分の二の議員の反対を受けながらも、ウィッグ党ならびに急進派の支持を得て、穀物法廃止に踏み切った。これにより保守党は分裂して、ピールの指導に従う一派はピール派と呼ばれるようになった。グラッドストンはこれに属した(同派は、一八五九年に自由党に合流した)。一八五〇年、落馬が元で死去。ピールは、バジョットが同時代の政治家でもっとも高く評価した政治家だった。たとえば「サー・ロバート・ピールの性格」と題する一八五六年の論文では、穀物法廃止をめぐる「政治家らしい」対処を中心に、産業化が進む当時の国政に最適の「偉大な管理運営者」であり、「実業のジェントルマン」だと論じられている。

（23）第一次ラッセル内閣(一八四六―五二年)。

（24）G. R. Gleig, *The Life of Arthur, First Duke of Wellington*, Longman, Green, Longman and Roberts, 1862, pp. 570–2.

（25）ナポレオン・ボナパルトが総裁政府を倒した一七九九年一一月九日のクーデタのこと。

（26）H・G・グレイ(一八〇二―九四年、第三代グレイ伯)。第一次選挙法改正時のウィッグの首相C・グレイの息子。陸軍大臣、植民地大臣などを歴任。バジョットと親交があり、『選挙法改正から見た代議制統治』(一八五八年)などの著作は、バジョットに影響を与えた。

（27）本章注(30)参照。

（28）バジョットの議論の主旨は、「修正のための議院」としての貴族院の意義である。庶民院の支持を得た内閣が進める政策は、雑多な動機が集まったり、突発的な感情の激変によって作られたりすることもあるという意味で完全だとは言えないものなので、貴族院が「修正のための議院」にすぎないものだとしても、その存在は有意義だと論じているわけである。

(29) 一八六五年、イギリス領だったジャマイカでは、アフリカ系住民によるモラント・ベイ反乱が起こった。総督のE・J・エア(一八一五―一九〇一年)は、これを鎮圧する中で多くの無関係の住民にも弾圧を加えて、四〇〇名以上が処刑された。このジャマイカ事件を重大視した本国の王立調査委員会によって、翌年、エアは総督を解任されて帰国することになった。この問題に対して、エアに批判的な立場を採るJ・S・ミルらはジャマイカ委員会を立ち上げ、エア擁護の立場を採る保守派(カーライルら)はエア擁護委員会を結成して、国論を二分する大論争になった。

(30) 特定の個人・団体のみに関する法律案。一八六〇年代に急増し、その大部分が鉄道業関連だった。一八五〇年代から、鉄道会社の圧力団体化が進行した。たとえば、一八六七年には、一六二名を上回る庶民院議員と五三名以上の貴族院議員が、鉄道会社の経営者だった(G. R. Searle, *Entrepreneurial Politics in Mid-Victorian Britain*, Clarendon Press, 1993, p. 182)。

(31) 全院委員会は、議長を除いた議員全員を構成員とする委員会である。もともと国王の下僚であった議長の影響力を排して、議員だけで自由に討論を行えるようにするために、一七世紀前半から設けられるようになった。本書出版当時、第二読会(下巻第七章注(18)参照)を通過した法案は、全院委員会に付託されて、法案の逐条的な審査が行われた（現在は原則的に常任委員会に付託され、全院委員会への付託は例外である）。本会議主義を採るイギリスでは、委員会が行えるのは、法案の趣旨に沿った修正だけである。修正あるいは未修正の審議結果を経た法案は、本会議に報告されて、ここで修正内容についてだけ審議が行われ、第三読会へと進む。

(32) 婚姻を前提として行われる当事者および子孫の継承財産に関する契約。

(33) スイスでは、一八四八年憲法によって連邦制が成立したが、一八七四年の憲法改正までは、各州（カントン）は個別の制度を採用していて、連邦の性格は緩やかだった。

(34) 狩猟や乗馬など。

(35) J・コプリー（一七七二―一八六三年、初代リンドハースト男爵）。トーリー党の政治家、法律家、貴族院議長（大法官）（一八二七―三〇年、一八三四―三五年、一八四一―四六年）。老齢にもかかわらず、クリミア戦争時には、貴族院における演説で強烈なロシア批判を展開した。

(36) H・ブルーム（一七七八―一八六八年、初代ブルーム＝ヴォークス男爵）。ウィッグ党の政治家、法律家。『エジンバラ・レビュー』の創刊（一八〇二年）に関わって多くの論文を発表、またロンドン大学の創立にも尽力した。庶民院議員（一八一〇―一二年、一八一五―三〇年）。一八三〇年、グレイ内閣発足時に貴族院に入り、貴族院議長（大法官）として第一次選挙法改正の成立を支えた。

(37) J・キャンベル(一七七九―一八六一年、初代キャンベル男爵)。ウィッグの政治家、法律家、貴族院議長(大法官)(一八五九―六一年)。

(38) P・D・スタンホープ(一六九四―一七七三年、第四代チェスターフィールド伯)。ウィッグ党の政治家、外交官。庶子フィリップをジェントルマンとして教育するため、三〇年にわたって送った書簡をまとめた『息子への手紙』(一七七四年)が特に有名。その中には、本文と類似の表現として、「あなたにたびたび言ってきたように、人間は、実体からではなく、外見から判断するものなのです」という一節がある(*Elements of a Polite Education: Carefully Selected from the Letters of Philip Dormer Stanhope, Earl of Chesterfield to His Son*, ed. by G. Gregory, 1800, p. 322)。

(39) 一〇六六年のノルマン・コンクェスト以降、国王裁判所が慣習法を基盤に裁判を積み重ねて形成していった法体系。ここでは特に、議会制定法に対する法として、裁判所で形成される判例法の意味で述べられている。

(40) バジョットの政治思想において「実務」や「実業」はきわめて重要な位置を占めている。原語は business であるが、バジョットが使用する以下のような意味の違いに応じて訳しわけた。①公的なもの私的なものを問わず、複数の人間から構成される組織を管理運営する(manage, administrate)こと、②利益を得るために取引、交渉を通じて商工業や金融業を営むこと、③文書の作成などの事務処理を実地で行うこと、④③よりも人的な関与の意味合いが薄く仕事一般を継続的に行うこと、の四つである。訳語としては、①の意味合いが強い場合には「事業」、①②両方の意味を含む場合には「実業」(金融も、営利のための組織経営という意味で実業に含める)、③の意味が強い場合には「実務」、④は「業務」とした。また、business は、busy-ness(忙しくすること)であることを考えれば、たとえば、この箇所で論じられている「三万ポンドの年収」を継承して自分自身で忙しく働いて収入を得る活動をする必要のない貴族や、第五章で言及されるカニングのような、専門の職業として政治に携わるのではない旧来型の地主貴族政治家たちとの対比を読み取ることができる。

(41) ギリシア神話の英雄。ゼウスとアルクメネの子。ヒドラやステュムパリデスの怪鳥の退治など一二の難題解決で有名。

(42) 当時の大貴族たちは、何万エーカーにも及ぶ広大な所領を経営するために、旧来型の在地の執事(steward)に代わって、専属の管理人(manager)を雇用し管理業務を委託していた。管理人は専門家として、何名もの土地差配人(bailiff)を統括して、地主である貴族に代わり、現地で土地売買や投資、鉱山開発などを行った。

(43) 本章の執筆時期は、第二版での第三章(初出一八六五年一〇月一五日発表)と第四章(初出一八六六年二月一日発表)をはさむ時期だと考えられる。この間、バジョットは『エコノミスト』の評論「閣僚としてのゴーシェン」(一八六六年一月二〇日発表)で、G・J・ゴーシエン(一八三一—一九〇七年、初代ゴーシェン子爵)について論じている。ゴーシェンは、シティの金融商会経営者の家に生まれ、二七歳でイングランド銀行理事に就任して、一八六一年に『外国為替の理論』を出版して注目を集め、一八六五年、ラッセル自由党政権で商務庁副長官の任に就いた。その後は、救貧院総裁(一八六八—七一年)などを務めた後、保守党に移って、蔵相(一八八七—九二年)などを歴任した。もうひとりは、W・E・フォースター(一八一八—八六年)。毛織物業者として成功して、ラッセル政権で植民地省次官に就任(一八六五—六六年)。以後も、グラッドストン内閣で教育法(一八七〇年)の成立に尽力するなど自由党の中心的な政治家だった。バジョットは、一八六七年六月に『エコノミスト』に発表した「専門職としての政治」と題する評論で、フォースターを、コブデンやブライトと並んで政治的な業務の処理に長けた将来の大臣候補に挙げている。

(44) オックスフォード大学やケンブリッジ大学では、学生も教員も、大学(ユニバーシティー)を構成するカレッジに所属する。学生は、カレッジを学生生活の基盤にして、学位授与の権限を持つ大学の学部に所属する。フェローは、このカレッジの正規の構成員の地位で、研究やカレッジの運営を行う。学生指導を行うこともある。フェローが大学の教員(教授、准教授など)になると、各カレッジから来る受講生全体に授業を行う。学生は、これに学んで、各カレッジのチューターなどからは少人数教育を受ける。なお、カレッジは私立の団体であり、大学とは別の独自の資産を持っていて、カレッジごとにフェローの待遇(俸給やカレッジでの食事の権利など）が異なる。

(45) 中流階級出身で、一八三四年から三八年までインドに行きインド刑法典の編纂や英語教育の改革を行ったマコーリー（本章注(50)参照）や、東インド会社の官僚として働いたJ・ミル（一七七三―一八三六年）、J・S・ミル父子などを指すと考えられる。ちなみに、イギリス内政と同じく、インド行政においても高級文官の採用はパトロネージ（縁故採用）だったため、貴族の子弟に独占されてきた。文武官任用方法の改革の一環として、インドの高等文官任用においても、一八五五年から競争試験制度が導入された。一八五八年には東インド会社が解散した。

(46) J・ブライト（一八一一―八九年）。ランカシャーの紡績業者の家に生まれる。急進派、のち自由党の政治家。盟友コブデンとともに自由貿易論を主唱して、反穀物法同盟（一八三九年結成）を率い、マンチェスター学派（一九世紀イギリスの自由貿易運動を推進した人々。ディズレイリがこの名称で呼んだことに始まる）を指導した。また一八六四年には、「議会改革連合」を結成して、選挙法改正運動を推進した。

(47) 一八世紀以降、人口が激減したにもかかわらず、従来通り庶民院議員を選出していて、地主貴族が意のままに議員を輩出していた選挙区。同様の意味で、「懐中選挙区」とも呼ばれた。

(48) いわゆる「産業革命」が進む中、労働者保護の視点がなかった当時、繊維工場や炭鉱などで、児童や女性を含めた多くの労働者が、きわめて劣悪な環境の下での労働を強いられていた。一九世紀に入ると、一八〇二年、一八一九年、一八三三年、一八四四年、一八四七年など、何度にもわたって工場法が制定されていった。その主な内容は、女性と児童の長時間労働の制限(一〇時間労働法など)、児童の最低年齢制限(八歳までは労働禁止)や教育の義務化などである。この箇所のバジョットの議論は、地主貴族の旧来の勢力基盤だった農業利益だけでなく、広大な土地を持つ資本家として新たに乗り出した産業でもまた苦境に立たされることに対する貴族の苛立ちを表現したものである。

(49) イギリスでは、中世盛期に使われた活字体。

(50) T・B・マコーリー(一八〇〇―五九年、初代マコーリー男爵)。ウィッグ党の政治家、歴史家。一八二九年には、『エジンバラ・レビュー』誌上で、功利主義批判を展開し、功利主義者たちと論争した。ウィッグの立場から著された『イングランド史』(一八四八―六一年)が特に有名。

(51) J・パーク(一七八二―一八六八年、初代ウェンズリデイル男爵)。法律家として名声を得る。財務裁判所判事。パークは、貴族院における司法のエキスパートとして、男子がいなかったにもかかわらず、世襲の男爵として授爵された。第三章注(3)参照。

(52) イギリスでは、貴族院が最高裁判所の役割を果たし、大法官と法律貴族が中心となって対処していた(ウェンズリデイル事件は、首相のパーマストンが貴族院の司法機能を強化しようとして生じた。第三章注(3)参照)。貴族院で扱われた事案は、イギリス国内(連合王国内)の問題であった。本国以外の問題には枢密院で対応した。枢密院は、王会の中にあった小会議を起源とする国王の私的な諮問会議で、重臣たちが枢密顧問官として召集されるものだったが、一八世紀、内閣が成立してからは、政治的影響力が低下していった。一八三三年に枢密院に司法委員会が設置されて、海外領土と教会裁判所からの上訴を扱った。なお、三権分立の徹底をはかる必要から、二〇〇九年に最高裁判所が生まれた。

(53) D・オコンネル(一七七五—一八四七年)。アイルランドの政治家。一八二八年に庶民院議員に選出されたが、カトリック教徒だったため議席が拒否された。その結果、オコンネル擁護運動が起こり、翌年のカトリック教徒解放法が出されることとなった。オコンネルは、アイルランドの分離のために分離協会を設立し運動を指導した。一八四三年に分離主義者の大集会を開催して逮捕され、ダブリンの裁判所で有罪判決を受けたが、翌年、貴族院の五名の裁判官によって無罪判決が出された。オコンネルが進めた運動は、非暴力の合法的なものだった。「解放者(the Liberator)」と呼ばれる。

(54) 第三代グレイ伯のこと。本章注(26)参照。

(55) R・ロウ(一八一一—九二年、初代シャーブルック子爵)。自由党の政治家。第一次グラッドストン内閣(一八六八—七四年)では蔵相や内相を歴任。一八六六年、自由党の選挙法改正法案をめぐり造反した自由党議員四六名の「アダラマイト(アダラム派)」(造反を批判したブライトによって命名された)の指導者としても知られる。

第五章

(1) W・ペイリー(一七四三—一八〇五年)。イギリス国教会の神学者。功利主義的立場を採る哲学者でもあった。

(2) 一八世紀にコーヒー・ハウスに集って自由な討論を行ったジェントルマンたちは、同好の士だけで夜の会食を中心に閉鎖的な集団を形成するようになった。これがクラブである。次第にクラブは、コーヒー・ハウスを離れて空き家を借りるなどしてクラブ・ハウスを持つようになっていった。一八世紀終わり頃からは、女性のクラブも作られるようになった(下巻「第二版の序文」注(20)参照)。

(3) 牛や羊、豚などの家畜伝染病。学術名ではドイツ語でRinderpest(牛のペスト)である。古代から存在して、世界各所で様々な影響を与えた。一九世紀には、一八五七年から一八六六年にかけて、輸送網の発達に伴いヨーロッパ全体で流行した。イングランドとウェールズでは、一八六五年六月から六七年にかけて五〇万頭の牛が牛疫に感染した。ラッセル政権は、感染拡大防止のために、地方の行政機関に、家畜の出品や販売を禁じる権限を付与した。こうした経緯から、牛疫は、獣医学の発展の要因にもなった。二〇一一年に撲滅が宣言された。

(4) イングランド、スコットランド、ウェールズで年に四度開かれた下級の刑事裁判所。一三世紀に起源を持つ。イングランドでは一九七一年、スコットランドでは一九七五年に廃止された。

（5）H・シンジョン（一六七八―一七五一年、初代ボリングブルック子爵）。トーリー党の指導者として、ウォルポール政権を批判。政党政治を批判し、「愛国王」による親政の必要性を唱えた著作『愛国王の理念』（一七三八年）がある。

（6）原語は、an old Secrtary of the Treasury で、おそらく数名いた大蔵省政務次官のことだと思われる。その場合、Secretary of ではなく、Secretary to が正しい。この人物について、オックスフォード版の編者は、トーリー党の政治家C・アーバスノット（一七六七―一八五〇年）ではないかと指摘している。この人物は、一八〇九―二三年まで大蔵省主席政務次官を務めているが、その任務は大蔵省とは関係がなく、庶民院における与党の幹事長（Chief Whip）である。

（7）孤児院など寄付金で設立されている施設では、寄付額に応じて、寄付者に入所者を選挙で選ぶ権利が与えられた。「投票チャリティー」方式という。

（8）R・コブデン（一八〇四―六五年）。実業家。急進派、のち自由党の政治家。小農の家に生まれ、刻苦してマンチェスターにキャラコ捺染工場を設立し成功した。反穀物法同盟を結成して、盟友ブライトと自由貿易運動を展開、一八四一年に下院に入って、穀物法廃止を導き、反戦論を唱えた。

(9) J・H・ニューマン(一八〇一―一九〇年)。神学者。はじめイギリス国教会に属したが、オックスフォード運動(オックスフォード大学を中心に展開され、イギリス国教会にカトリックの要素を復活させることをめざした改革運動)を指導する中で、カトリックに改宗、のちに枢機卿となった。

(10) 当時の選挙制度については、下巻第八章注(6)を参照。

(11) 工業化が進むと、労働者階級の中でも、蒸気機関等の複雑な機械を扱う熟練工は、複数の未熟練工を自分で直接雇い指揮して、たとえば大型鉄造船の中で作業ユニットを組んで自律的に仕事を行うようになった。また、鉄の精錬やボタンの加工などの細かな作業には、熟練の手工業技術の必要性が増した。これらの熟練工は次第に豊かになり、「労働貴族」とも呼ばれるようになった。

(12) T・ヘア(一八〇六―九一年)。法律家。のちに比例代表制(単記移譲式、ヘア式とも呼ばれる)の紹介として理解されることとなるパンフレット『代表制のしくみ』(一八五七年)を公刊、さらに、この制度に関する本格的な著作『国会と地方議会における代表選挙論』(一八五九年)を出版した。J・S・ミルが、『代議制統治論』(一八六一年)の第七章で取り上げて推奨した。

(13) 本章の初出論文は、一八六六年三月一五日に『フォートナイトリー・レビュー』に掲載された。

(14) イングランド東部、ノーフォークの小都市。中世にはリヴァプールと並ぶ重要な港だった。
(15) イングランド南部、ドーセットの南海岸に面した漁村。
(16) ウェストミンスター選挙区は、一五四五年から一九一八年まで存在していた選挙区で、一八八五年までは二名、それ以後は一名の庶民院議員を選出していた。J・S・ミルは、一八六五年から一八六八年まで同選挙区から選出されて庶民院議員を務めた。
(17) 「知られざる神」、「知らずに拝んでいるもの」(「使徒言行録」第一七章二三節)。パウロがアテネの人々に語りかけた言葉の中にある。
(18) ロンドンの特別区ウェストミンスターの国家中枢機関が集中するホワイトホールにある街区。
(19) 原語は Honourable。伯爵の次男以下の男性と、子爵・男爵の子どもにつけられる敬称。
(20) 第一章注(26)参照。
(21) イギリス国教会に属さないプロテスタントの聖職者や信徒。
(22) 一八三二年以前に施行されていた地域社会別に選挙権資格を設定する選挙制度のこと。詳しい内容は、下巻「補論　選挙法改正について」で論じられている。
(23) ともにイングランド南西部、デボンシャーにある町。
(24) プロテスタントのセクト(会派)の一つ。浸礼派。

(25) 第四章注(31)参照。

(26) 議席配分が地主層に偏りすぎていて、商工業従事者(上層中流階級)に対する配分が少なすぎること。本章二四五頁以下。

(27) J・スコット(一七五一―一八三八年、初代エルドン伯)。弁護士、トーリー党の政治家。貴族院議長(大法官)を務めた(一八〇一―〇六年、一八〇七―二七年)。選挙法改正などの自由主義的改革に反対する反動的政治家(「ウルトラ・トーリー」)として有名。

(28) 政治的責任感の欠如した選挙区の政治組織や選挙民が議員の独立した政治活動を認めず、穏健さを欠いた自らの見解で議員を縛ることがあるという議論。本章二二〇頁以下。

(29) 第二章注(21)参照。

(30) B・ディズレイリ(一八〇四―八一年、初代ビーコンスフィールド伯)。保守党の政治家。首相(一八六八年、一八七四―八〇年)、蔵相(一八五二年、一八五八―五九年、一八六六―六八年)。小説家でもあった(『シビル――または二つの国民』一八四五年、等)。イタリア系ユダヤ人の家系に生まれる。四度の落選の後、庶民院議員に当選した(一八三七年)。保守党指導者のピールならびに主要政策であった穀物法廃止に反発し、ピール派が離脱して保守党が分裂した後、保守党下院指導者となる(一八四九年)。党指導者ダービーの引退(一八六八年)後首相になると、自由党のグラッドストンと政権を争った。民衆の支持を求めて、「トーリー・デモクラシー」と呼ばれる社会政策や帝国強化政策(ヴィクトリア女王のインド女帝戴冠等)を展開し、民主化が進む中、保守党を時代に適合させた。バジョットは、ディズレイリには一貫して批判的だった。批判の中心は、「悪い意味でのいわゆるロマン主義的な政治的想像力、換言すれば現実生活の法則とはまったく無関係の空想」に基づく政治運営という点にあった。バジョットにとって、ボリングブルックとディズレイリは、デマゴーグ的な性質という点で共通していて、大いに警戒すべき政治家だった(W. Bagehot, "Mr. Disraeli", 1859, *The Collected Works of Walter Bagehot*, Vol. III, ed. by N. St. John-Stevas, The Economist, 1968, p. 487)。

(31) いずれもイングランド南西部の州。サマセットシャーはバジョットの出身州。

(32) イングランド中部を北流する川。

(33) バジョットは、様々な論文で capitalist について論じているが、彼が使用する場合、「資本家」の意味も含みつつ、自分自身で会社等の組織の経営に直接携わる「経営者」の意味合いが強い。そのため、本書では、これを「事業経営者」と訳した。

(34) バークは、「フランスの国情についての考察」(一七九一年)の中で、フランス革命後の新体制の支持者のうちの一要素として、「東インド会社の関係者」を挙げて、この人たちは「ほとんどひとり残らず、実際に所有する財産にふさわしい重みを与えられていないことに耐えられない」と論じている。ただし、バジョットが述べている「ジャコバン」という表現はない。中野好之編訳「フランスの国情についての考察」『バーク政治経済論集――保守主

義の精神』(法政大学出版局、二〇一三年、七〇〇―〇一頁)。

(35) G・カニング(一七七〇―一八二七年)。トーリー党の政治家。はじめウィッグに所属したが、フランス革命の急進化を受けてトーリー党に移り、小ピットを支持した。内政では保守的だったが、外交では外相(一八〇七―〇九年、一八二二―二七年)として、反動的なウィーン体制の中、自由主義的な政策を推進した(「カニング外交」)。首相になる(一八二七年)も四ヵ月弱で病に倒れた。雄弁家として知られたが、バジョットは、カニングの演説を美辞麗句やウィットで飾るばかりだと論じ、現実の実務に向き合わない旧来型の地主貴族のアマチュア政治家に分類した。

(36) 一八五五年創刊の新聞。毎週土曜日発刊。H・G・ウェルズやバーナード・ショーなど様々な文筆家が寄稿した。バジョットも一八五六年からの四年間に一四本の論文を執筆している。一九三八年廃刊。

(37) 社会規範に囚われない作家や芸術家が住む世界。

(38) 一八三二年の選挙法改正の結果、一定の納税額以上を収める戸主に、全国一律に選挙権が付与された。下巻第八章注(6)参照。

(39) 前者はロンドン近郊にあった村落。後者はイングランド南部ソールズベリーの北にあった古代都市。中世に司教座ができて栄えたが、後に衰退した。これらの選挙区は、有権者数がきわめて少ない腐敗選挙区として知られていた。どちらも第一次選挙法改正で廃止された。

（40） T・カーライル（一七九五―一八八一年）。評論家、歴史家。『衣装哲学』（一八三三―三四年）、『フランス革命』（一八三七年）、『英雄崇拝論』（一八四一年）などの著作がある。

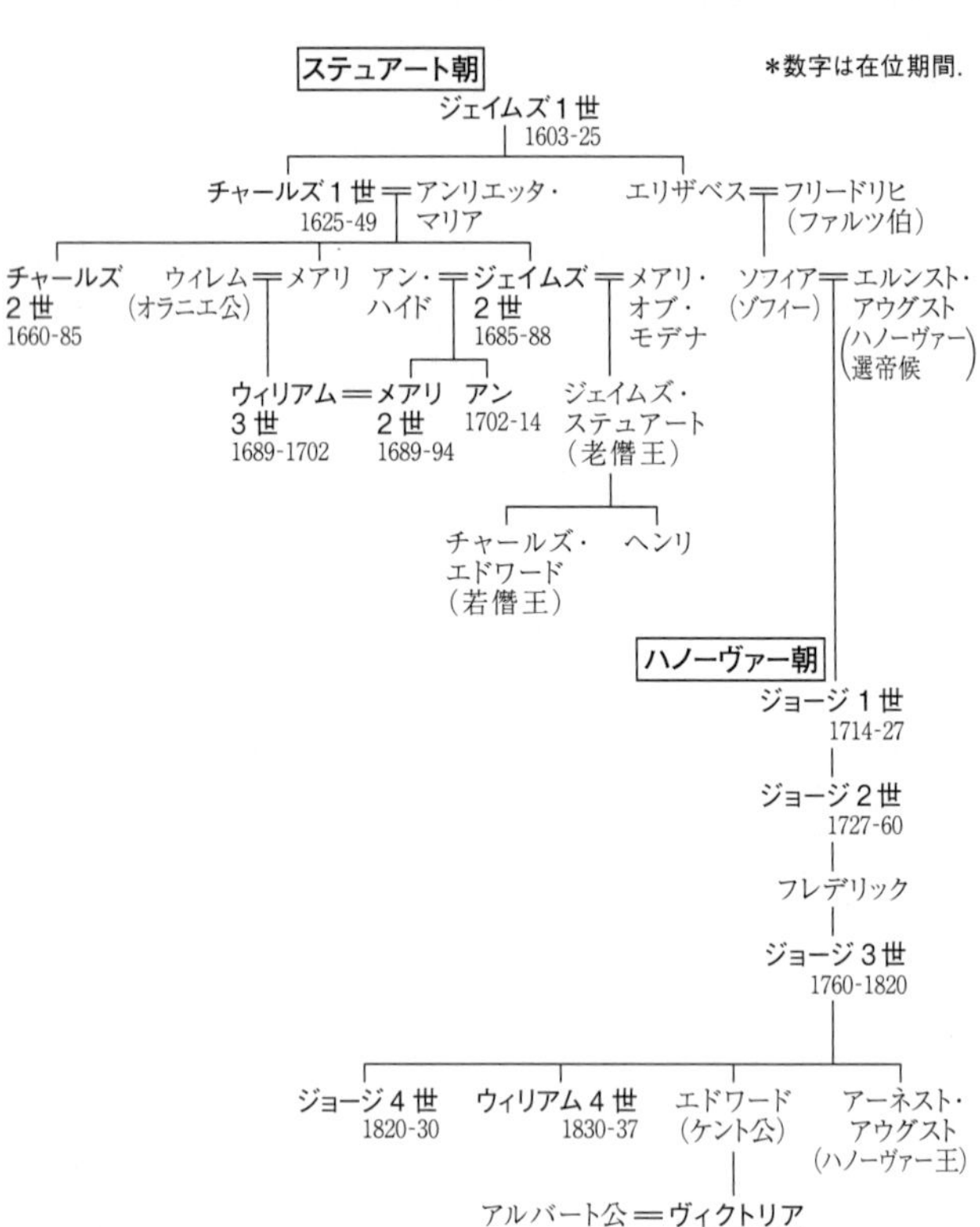

イギリス国王系図

川北稔編『イギリス史』(新版世界各国史Ⅱ，山川出版社，1998年)をもとに作成

イギリス国制論(こくせいろん)（上）〔全２冊〕　バジョット著

2023年3月15日　第1刷発行

訳　者　遠山隆淑(とおやまたかよし)

発行者　坂本政謙

発行所　株式会社 岩波書店
〒101-8002 東京都千代田区一ツ橋 2-5-5

案内 03-5210-4000　営業部 03-5210-4111
文庫編集部 03-5210-4051
https://www.iwanami.co.jp/

印刷 製本・法令印刷　カバー・精興社

ISBN 978-4-00-341222-0　　Printed in Japan

読書子に寄す

――岩波文庫発刊に際して――

岩波茂雄

真理は万人によって求められることを自ら欲し、芸術は万人によって愛されることを自ら望む。かつては民を愚昧ならしめるために学芸が最も狭き堂宇に閉鎖されたことがあった。今や知識と美とを特権階級の独占より奪い返すことはつねに進取的なる民衆の切実なる要求である。岩波文庫はこの要求に応じそれに励まされて生まれた。それは生命ある不朽の書を少数者の書斎と研究室とより解放して街頭にくまなく立たしめ民衆に伍せしめるであろう。近時大量生産予約出版の流行を見る。その広告宣伝の狂態はしばらくおくも、後代にのこすと誇称する全集がその編集に万全の用意をなしたるか。千古の典籍の翻訳企図に敬虔の態度を欠かざりしか。さらに分売を許さず読者を繋縛して数十冊を強うるがごとき、はたしてその揚言する学芸解放のゆえんなりや。吾人は天下の名士の声に和してこれを推挙するに躊躇するものである。このときにあたって、岩波書店は自己の責務のいよいよ重大なるを思い、従来の方針の徹底を期するため、すでに十数年以前より志して来た計画を慎重審議この際断然実行することにした。吾人は範をかのレクラム文庫にとり、古今東西にわたって文芸・哲学・社会科学・自然科学等種類のいかんを問わず、いやしくも万人の必読すべき真に古典的価値ある書をきわめて簡易なる形式において逐次刊行し、あらゆる人間に須要なる生活向上の資料、生活批判の原理を提供せんと欲する。この文庫は予約出版の方法を排したるがゆえに、読者は自己の欲する時に自己の欲する書物を各個に自由に選択することができる。携帯に便にして価格の低きを最主とするがゆえに、外観を顧みざるも内容に至っては厳選最も力を尽くし、従来の岩波出版物の特色をますます発揮せしめようとする。この計画たるや世間の一時の投機的なるものと異なり、永遠の事業として吾人は微力を傾倒し、あらゆる犠牲を忍んで今後永久に継続発展せしめ、もって文庫の使命を遺憾なく果たさしめることを期する。芸術を愛し知識を求むる士の自ら進んでこの挙に参加し、希望と忠言とを寄せられることは吾人の熱望するところである。その性質上経済的には最も困難多きこの事業にあえて当たらんとする吾人の志を諒として、その達成のため世の読書子とのうるわしき共同を期待する。

昭和二年七月